DDR *Backbuch*

Autoren: Barbara und Hans Otzen

Gesamtherstellung: Komet Verlag GmbH, Köln

ISBN 978-3-89836-543-7

www.komet-verlag.de

Bildnachweis:

Wir danken folgenden Firmen, Bildagenturen und Personen für die Bereitstellung der Fotografien:

Fam. Albert: S. 9 (3), 16;
picture alliance / dpa: S. 7, 8, 11, 12 (2), 13, 20/21, 22, 23, 26 (1), 29, 30, 32, 33, 92, 106, 136, 154 (1), 222; Obstgenossenschaft „Fahner Obst": S. 10, 18 (1), 19 (1), 54, 155 (1); picture alliance / AKG: S. 6, 27,157 (1); Klaus Riemland: S. 26 (1); Fa. Kathi Rainer Thiele GmbH: S. 24 (4), 25, 157 (1);
Weißenfelder Handels-Gesellschaft mbH (Gutena): S. 28 (2), 156 (1);
Wikana Keks und Nahrungsmittel GmbH: S. 280 (1), 157 (1)

Alle übrigen Abbildungen: Verlagsarchiv und MEV

DDR *Backbuch*

KOMET

Die „Frau am heimischen Backherd“ passte nicht in das neue Bild der Frau

Am sozialistischen Backherd

Die Nahrungsmittelversorgung der Bevölkerung der Deutschen Demokratischen Republik (DDR) war ein fortwährendes Thema für das Politbüro des Zentralkomitees der Sozialistischen Einheitspartei Deutschlands (SED), dessen Mitglieder den inneren Zirkel der DDR-Führung darstellten. Es ging dabei um die Warenverteilung innerhalb des Staatsgebietes, um die Vermeidung devisenverschlingender Einfuhren, die Warenzuteilung an bestimmte bevorzugte Gruppen wie die „Bewaffneten Organe der DDR“, an bestimmte Orte, wie etwa Leipzig während der Messezeit, wo es dann auch Apfelsinen gab, und nicht nur die strohigen Cubasinen, die man vom „Brudervolk“ aus Kuba bezog – aber um das Backen ging es dabei nicht.

Die „Frau am heimischen Backherd“ passte so gar nicht in das neue Vorstellungsbild von der Frau, deren Stellung nach dem Willen der SED-Führung im politischen und wirtschaftlichen Leben der jungen Republik gestärkt werden sollte – wobei es bei diesem neuen Vorstellungsbild auch im Wesentlichen darum ging, die Arbeitskraft der Frau für den Staat nutzbarer zu machen. So wurde immer wieder und überall die Gleichberechtigung propagiert, denn sie war auch die Grundlage für das allgemeine Menschenbild allseitig entfalteter und entwickelter sozialistischer Persönlichkeiten im neuen DDR-Staat.

So ergriff die SED-Führung von Anfang an Maßnahmen zur Stärkung der Stellung der Frau in der jungen DDR. Schon Anfang Januar 1952 wurden zur Realisierung dieser Zielsetzung „Frauenausschüsse“ gebildet, um die bis dahin mangelnde Präsenz von Frauen in leitenden Positionen von Wirtschaft und Gesellschaft zu beenden und um die Beachtung der speziellen Bedürfnisse der Frauen stärker durchzusetzen. Schwangere Frauen und Frauen mit Kleinkindern waren in den DDR-Betrieben selbstverständlich abgesichert, alle berufstätigen Frauen im Alter über vierzig Jahren hatten Anspruch auf einen bezahlten freien Tag im Monat, den so genannten „Haushaltstag“. Zusätzlich stellte das 1971 eingeführte „Babyjahr“ junge Mütter ein Jahr bezahlt von der Arbeit frei.

Doch die Realität des DDR-Alltags sah ein wenig anders aus. Die Gleichberechtigung im Wirtschaftsleben zielte stark auf die Verfügbarkeit der Arbeitskraft von Frauen. In den vier Jahrzehnten ihres Bestehens ist es in der DDR auch nicht gelungen, gleiche Arbeitsbedingungen für Mann und Frau zu schaffen. Führungspositionen waren weiterhin überwiegend mit Männern besetzt, in den unteren Lohngruppen waren weit mehr Frauen als Männer beschäftigt, und je höher die Lohngruppe, desto geringer der Frauenanteil.

Doch die DDR feierte jedes Jahr am 8. März den „Frauentag“ als Tag der Gleichberechtigung. Dann gab es Blumen und Auszeichnungen vom Betrieb, der Beitrag der Frauen zum sozialistischen Fortschritt wurde in Festreden hervorgehoben – und tags drauf ging der Alltag mit Schichtdienst, Haushalt, Kindern und Einkauf weiter.

Dennoch wurden die sozialistischen Errungenschaften für die Frau weiter propagiert. So wurden im Rahmen der von Erich Honnecker auf dem XIII. Parteitag der SED 1971 propagierten neuen Einheit von Wirtschafts- und Sozialpolitik die Maßnahmen formuliert, die den Frauen das Berufsleben erleichtern sollten. Das waren neben Babyjahr und Haushaltstag, Krankengeldzahlung bei Erkrankung eines Kindes, aber auch der Ausbau von Kinderkrippen und Kindergartenplätzen. Tatsächlich aber diente das Babyjahr dann auch der Herausnahme „überflüssiger“ Arbeitskräfte aus dem Produktionsprozess. Abgesehen davon war es in der DDR nie gelungen, ihren eigenen Vorstellungen entsprechend genügend Kinderbetreuungsplätze zur Verfügung zu stellen. Dennoch wirkten die Maßnahmen, denn die Bevölkerungszuwachsrate stieg wieder an, so dass ein Teil der „Abwanderung“ aus dem SED-Staat dadurch wieder ausgeglichen werden konnte. Dabei hatte die Vorsitzende des DFD (Demokratischer Frauenbund Deutschlands) schon auf dem 1. Frauenkongress im Juni 1964 den Abschluss der SED-Gleichberechtigungspolitik mit den Worten verkündet: „Mit Recht können wir also sagen: Wir Frauen haben unseren Arbeiter- und Bauernstaat mit geschaffen, wir gestalten das Leben seiner Bürger mit, wir haben ihn mit in unsere Hände genommen. Bei uns haben die Köchinnen gelernt, den Staat zu regieren.“

Auch im Sozialismus blieb der Haushalt Frauensache

Backen in der DDR

Das Backen als „Steckenpferd“ war den DDR-Frauen nicht auszutreiben

Je mehr die Staatsführung mit ihren Organen den Bürgern der DDR ihre Lebensweise vorschreiben wollte, umso mehr zogen sich diese in ihr Privatleben zurück. Als Gegenpol zu den Drangsalierungen im Alltag traf man sich im Freundeskreis, wo man sich frei fühlte – und da waren die gastgeberischen Fertigkeiten der Hausfrauen umso mehr gefragt. Gegen diese „Innere Emigration“ war die DDR-Führung machtlos. Und Kuchen haben sie nun einmal alle in der DDR gerne gegessen – im Übrigen auch die Funktionäre!

So konnte man auch im „Neuen Rezeptbuch Kochen“ mit dem Untertitel „...für alle Leute, die mit Leidenschaft backen und brutzeln, kochen und mixen und ...essen“ lesen: „Eine selbstgebackene Torte ist die Attraktion jeder Kaffeetafel“. Das Buch war 1979 in erster Auflage im Leipziger „Verlag für die Frau“ erschienen und erfuhr später viele weitere Auflagen.

Das Backen war also den DDR-Frauen als „Steckenpferd“ nicht auszutreiben!

Steckenpferd „Backen"

Als „Steckenpferd" wurde im DDR-Jargon das bezeichnet, was heute ein „Hobby" ist. Das liebste Steckenpferd des DDR-Bürgers war aber nicht seine sozialistische Weiterentwicklung, sondern sein Kleingarten. Die Datsche lockte jedes Wochenende die Menschen zu der von ihnen bevorzugten Art der Freizeitgestaltung an. Im Kleingarten brauchte man sich nicht sozialistisch, sondern konnte sich ungezwungen entfalten. Man war unter sich, fühlte sich unbeobachtet, traf sich hier mit Freunden und Verwandten. Das erfreulichste Nebenprodukt der Datsche war die verbesserte Selbstversorgung mit Nahrungsmitteln wie Obst, Gemüse und Kleintieren, Hühnern und Eiern. Überschüssige Kleingartenprodukte konnte man darüber hinaus bei den Ankaufsstellen von HO und Konsum gegen gutes Geld abliefern. Die im Käfig gezogenen Karnickel wurden allerdings im Freundeskreis weiter gereicht und gegen irgendetwas anderes, dringend benötigtes eingetauscht. Jeder Werktätige in der DDR hatte zu irgendetwas Zugang…

Ganz wichtig war das Obst aus dem Kleingarten für die Kuchenbäckerei. Denn bei allen Gleichberechtigungsversprechungen der DDR-Führung waren den berufstätigen Frauen die hausfraulichen Qualitäten nicht abhanden gekommen. Zu den legendären Festen mit Familie und Freunden in den Datschen gehörte der Kuchen einfach dazu. Und nichts war leckerer als selbst gefertigter Himbeer-, Zwetschgen- oder Apfelkuchen! Und je später der Abend, je fröhlicher die Runde. Dann machten aufgesetzte Schnäpse die Runde – und die Brombeeren und Himbeeren, Äpfel und Birnen, die man für den Kuchen nicht

In der Datsche, dem größten Hobby des DDR-Bürgers, konnte man sich ungezwungen entfalten

Das erfreulichste Nebenprodukt der Datsche war die verbesserte Selbstversorgung

brauchte, wurden eingeweckt oder waren längst in „Primasprit", dem hochprozentigen Alkohol (96%) des VEB Bärensiegel in Berlin eingelegt. Später wurde „Primasprit" allerdings aus dem Verkehr gezogen. Dafür gab es dann „Primus", einen 56%igen Wodka, der sich geschmacklich allerdings auch besser zum Aufsetzen eignete.

Doch alles, was sich den Blicken der DDR-Führung zu entziehen drohte, wurde von dieser misstrauisch beäugt. Das Treiben im Kleingarten stuften die Funktionäre naserümpfend als kleinbürgerlich ein – was sie nicht daran hinderte, selbst die Wochenenderholung in der Datsche zu suchen. Funktionäre erhielten in der Regel ja auch schnelleren Zugang zu frei werdenden Kleingartenparzellen. Lange Wartelisten in den größeren Städten verdammten dagegen so manchen DDR-Normalbürger dazu, jahrelang auf eine beantragte Parzelle zu warten, die meist nur dann frei wurde, wenn der Besitzer das Zeitliche gesegnet hatte.

Auch die tradierten Hausfrauenbetätigungen wie Kochen und Backen galten eigentlich als kleinbürgerlich, nicht mehr der Zeit entsprechend und den neuen gesellschaftlichen Verhältnissen nicht mehr angemessen. Dabei waren diese häuslichen Tätigkeiten wegen der Schwierigkeiten bei der Zutatenbeschaffung gar nicht so einfach zu bewerkstelligen.

Viele der begehrten Grundzutaten waren „Bückware", also nur unter dem Ladentisch, nur mit Beziehungen und natürlich dann nur mit andersartigen Gegenleistungen zu erhalten. Das, was immer erhältlich war, blieb unattraktiv als Ladenhüter in den Regalen.

Nicht wenige DDR-Normalbürger kamen beim Besuch der Leipziger Messe ins Staunen, wenn sie die große Auswahl an hochwertigen Lebensmittelprodukten aus DDR-Erzeugung sahen – die aber ins kapitalistische Ausland exportiert wurde. Die Frage: „Weshalb nicht für uns?" blieb unbeantwortet. Es handelte sich dabei vor allem um Produkte aus der so genannten „Gestattungsproduktion", die auf dem Wege der Lizenzvergabe für Abnehmer aus dem NSW (Nichtsozialistisches Wirtschaftssystem), also vor allem für Abnehmer aus der Bundesrepublik gefertigt wurden, um die für die DDR so dringend benötigten Devisen zu erwirtschaften.

Wohl dem, der westdeutsche Verwandte hatte…

Dabei gab es genug zu essen in der DDR. Einhellig war man bald der Auffassung, dass die DDR-Bevölkerung sogar überversorgt gewesen sei und zu viele Kalorien aufgenommen habe. Das lag sicher auch daran, dass die DDR-Führung aus politischen Gründen die Preise für Grundnahrungsmittel niedrig hielt, in den 50er Jahren sogar senkte. 1958 wurden die letzten Lebensmittelkarten abgeschafft. Trotzdem blieb das Problem bestehen, dass die Versorgungslage bei Fleisch, Butter und Milch noch in den 60er Jahren schlecht war, wie selbst die DDR-Führung eingestehen musste. Als Honnecker an die Spitze der DDR trat, verbesserte sich die Situation und die Preise für Grundnahrungsmittel blieben eingefroren. Ein Mischbrot kostete 78 bzw. 93 Pfennig, das Brötchen fünf Pfennig, 250 Gramm „gute" Markenbutter ganze 2,50 Mark, ein Würfel Bratmargarine 50 Pfennig, 100 Gramm Jagdwurst 68 Pfennig, 250 Gramm Marmelade 54 Pfennig. Die Grundnahrungsmittel waren so billig, dass zu viel Essbares weggeworfen, dass Brot tonnenweise verfüttert wurde, weil das Brot billiger war als das unveredelte Getreide.

Doch das marode wirtschaftliche System der DDR verkraftete diese Subventionspraxis immer weniger, die DDR-Führung begann nun, das preislich festgeschriebene Sortiment der Grundnahrungsmittel im

Kundschaft in einem Supermarkt der Staatlichen Handelsorganisation

Lebensmittelhandel auszudünnen. Das war die Geburtsstunde der Delikat-Läden. Hier gab es diejenigen Delikatessen nunmehr zu überhöhten Preisen, die man fortan in HO und Konsum vergeblich suchte, so auch die Erzeugnisse der Gestattungsproduktion – als ein Beispiel sei nur angeführt, dass das Milchkombinat Schwerin für Bärenmarke produzierte, die man dann in den Delikat-Läden erwerben konnte. Neben den so genannten „West-Paketen", die große Teile der DDR-Bevölkerung von ihren Verwandten im Westen erhielten, waren so die Delikat-Läden zu den Hauptbezugsquellen für teuer erkaufte Backzutaten geworden – vor allem für jene Zutaten, die das Backen erst so schön machen wie etwa Kakaopulver, Zimt, Zitronat, Mandeln oder Marzipan. Eine Büchse Pfirsiche kostete 7,50 Mark, eine Tafel Westschokolade 7 Mark.

Delikat-Läden waren die Hauptbezugsquelle für teuer erkaufte Backzutaten

Am besten waren aber die DDR-Bürger dran, die über Devisen verfügten. War in den Anfangsjahren der DDR der Besitz von Westgeld verboten, so fiel dieses Verbot später, denn der an Devisen schwache DDR-Staat wollte sich die Westgeldbesitzstände seiner Bürger zunutze machen. Dies tat er, indem er die Warenangebote in den Intershop-Läden, die zunächst gegründet worden waren, um Besuchern aus dem westlichen Ausland die Möglichkeit des Einkaufs in „harter" Währung zu geben, auch den eigenen „Untertanen" zugänglich machte und so die Westgeldbestände im eigenen Land abschöpfte. Im Intershop gab es alle Westwaren – aber eben gegen Devisen. Wer also mit D-Mark von Westverwandten in der DDR einkaufen ging, brauchte von Stund an auch nicht mehr Schlange stehen. Glücklich, wer zahlungskräftige Westverwandtschaft hatte. Wer nicht, versuchte schwarz zu tauschen. Eine Westmark gab's für zehn Ostmark.

Wer mit D-Mark von Westverwandten einkaufen ging, brauchte nicht mehr Schlange zu stehen

Kaffee und Kuchen

Zweiundfünfzig Kuchentage hatte die Backtradition in Ostdeutschland. Aber nicht nur an Sonntagen wurde zu Kaffee und Kuchen eingeladen – dazu kamen die offiziellen Feiertage, Geburtstage, Jubiläen und so weiter. Kaffee und Kuchen waren nun einmal in dieser Tradition untrennbar miteinander verbunden.

Angefangen hatte alles in Sachsen. Hier wurde im Jahre 1694 in Leipzig der „Kaffeebaum" eröffnet, das erste Kaffeehaus in Deutschland. Und die Kuchenbäcker hatten gleich ihre große Chance erkannt. Zu diesem bitteren Getränk musste es unbedingt süßen Kuchen geben. Seither heißt es in ganz Sachsen: „Kein Kuchen ohne Kaffee!" – oder in der Landessprache: „Gee Schälchen Heeßen ohne ä Stickchen Guchen, bitte scheene sieße!" Es sind und bleiben nun einmal „Gaffesachsn". Und was ist schöner, als ein Stückchen Kuchen in die Kaffeetasse zu tunken? „Didschen" sagen die Sachsen dazu. Es gilt heute als nicht mehr ganz fein – aber schön ist es geblieben.

Der Kaffee-Kult breitete sich in Sachsen aus. Allein in Leipzig eröffneten mehrere Kaffeehäuser, das vornehmste unter ihnen das Café Felsche mit seinem prachtvollen Interieur, eingerichtet und betrieben von dem Konditor und Schokoladenhersteller Wilhelm Felsche. Hier gab es alles, was das süße Herz begehrte, angefangen bei Cremetorten über die berühmte Himmeltorte auf Baiserboden mit Erdbeeren

Ausgelöst durch den Kaffee- und Kuchenkult wurden immer mehr Kaffeehäuser eröffnet

oben drauf, allerlei Kuchen wie Eierschecke, Kleckselkuchen oder Prophetenkuchen, Mohnkuchen oder Quarktorte, frisches Backwerk, Schokolade und vieles andere mehr. Und natürlich den berühmten Dresdner Stollen!

Kaffee und Kuchen begeistern Jung und Alt

Von Sachsen aus breitete sich der Kaffee- und Kuchenkult über ganz Deutschland aus. Im Nachbarland Thüringen, lange im Gegensatz zu Sachsen kleinstaatlich geprägt, ging es beim Backen nicht ganz so hochherrschaftlich zu. Hier sind die Wurzeln der Kuchenbäckerei in den Klöstern zu suchen, die seit fränkischer Zeit im Lande gegründet wurden. In den ländlich strukturierten Gemeinden mit erhaltener Dorfstruktur hat sich die Tradition des Backens im Dorfbackhaus noch lange bis in die DDR-Zeit erhalten. Denn hier wurde nicht nur Brot gemeinschaftlich gebacken, sondern vor allem auch Blechkuchen. Und zur Kirmes war Hochsaison. Dann kamen vor allem die „nassen“ Kuchen in den Backofen – denn in Thüringen unterscheidet man die „trockenen“ Kuchen wie Butter- oder Streuselkuchen von den „nassen“ Kuchen wie Obstkuchen oder auch Mohnkuchen.

Der Dresdner Christstollen war zu DDR-Zeiten durch Eintrag in ein Herkunftsregister ein rechtlich geschütztes Produkt

Vielfältig sind die Ursprünge der Kuchenbäckerei in den ostdeutschen Landen. In Berlin finden wir vor allem französische Ursprünge, denn die Preußenkönige boten den Hugenotten Schutz und Arbeit im Lande. Vor dreihundert Jahren soll jeder dritte Berliner ursprünglich Franzose gewesen sein. Wir erinnern uns daran, wenn er seine Bulette aus der „Lameng“ isst, aus der Hand (französisch la main = die Hand). Und das Wort „Bulette“ geht auf das französische Wort boule (= Kugel) zurück. Die mit Creme gefüllten französischen Éclairs haben die Berliner schlicht in „Liebesknochen“ umgetauft.

Übrigens brachten die Schlesier den Streuselkuchen nach Berlin – im 19. Jahrhundert soll jeder waschechte Berliner schlesischen Gefilden entstammt sein. Ansonsten gibt es hier den Napfkuchen, den man im Norden auch Topfkuchen nennt und natürlich die Berliner, jene schwimmend in fett ausgebackenen Hefeteigkugeln, mit Marmelade gefüllt und mit Zucker bestreut.

In Mecklenburg-Vorpommern sind die Koch- und Backeinflüsse eher von Norddeutschland als aus dem Osten gekommen. Die Liebe zu Backpflaumen zeichnet vor allem die mecklenburgische Küche aus. Das süße Element findet sich auch in den Tollatschen wieder, den in Schmalz gebackenen süßen Kloßscheiben aus Schweineblut mit Mehl, Grieben und Gewürzen, die mit gebratenen Apfelscheiben gegessen werden. Dazu gehören auch die Plinsen, runde Pfannkuchen, die ursprünglich aus Buchweizenmehl hergestellt wurden, die gerne mit Blaubeer- oder Preiselbeerkompott gegessen werden.

Zu den eigentlich bevorzugten Kuchen im Norden zählt jedoch der Butterkuchen, der in ganz Norddeutschland allseits beliebte Blechkuchen. Genauso wie der Butterkuchen wird auch der Streuselkuchen in Mecklenburg gerne als „Plattenkauken" zubereitet – die Bleche sind dann aber so groß, dass sie nicht mehr im heimischen Herd gebacken werden können. Diese Aufgabe übernahm dann der örtliche Bäcker. Von der früheren Armut der Landbevölkerung an der Mecklenburger Küste zeugen noch Kuchen wie Brottorte oder Kartoffeltorte, die heute – mit erlesenen Zutaten – den Gaumen in besonderer Weise erfreuen können.

Der Baumkuchen als eines der großartigsten Erzeugnisse deutscher Backkunst ist in allen Teilen Ostdeutschlands zuhause. Es gibt ihn in der Kottbusser Art, der Dresdner Art, der Magdeburger Art und Salzwedel ist erst durch seine Baumkuchen so richtig berühmt geworden.

Die Berliner tauften die französischen Éclairs schlicht in „Liebesknochen" um

Wohlschmeckenden Kaffee gab es nur zu überteuerten Preisen – dennoch gehörte der Kaffee zum „Stickchen Guchen" einfach dazu

„Erichs Krönung"

So vielfältig die Kuchenkultur in der DDR auch war, es haperte doch oft am richtigen Kaffee. Kaffee war ohnehin ein Reizwort in der DDR. Entweder es gab ihn nicht in der gewünschten Qualität, oder wenn doch, dann nur zu „gepfefferten" Preisen. Am besten hatten es wieder die DDR-Bürger mit West-Verwandten, die ihnen regelmäßig Jacobs Krönung zuschickten. So kann man sagen, dass Jacobs Krönung die beliebteste Kaffeemarke in der DDR war, obwohl es sie dort im normalen Handel gar nicht zu kaufen gab.

Bero war der Standard-Bohnenkaffee der VEB Berliner Kaffeerösterei, der auch als pulverisiertes Produkt angeboten wurde. Dieser konnte aber in keiner Weise mit Nescafé mithalten. Kosta war der billigere Kaffee aus dem Konsum Kaffeewerk Röstfein in Magdeburg. Aus dem gleichen Werk wurde auch Rondo geliefert, ungemahlen und nicht aromaverpackt. Die 125-Gramm-Packung kostete 8,75 Mark, die 50-Gramm-Packung 3,50 Mark. Rondo war lange Zeit der meistverkaufte Kaffee in der DDR. Dann kam seit Ende der 70er Jahre Mokka Fix Gold als gemahlener und luftdicht verpackter Kaffee zu 17,50 Mark für das halbe Pfund. Diese Marke verdrängte Rondo, aber ihr Preis wurde aus politischen Gründen bis zum DDR-Ende in gleicher Höhe aufrechterhalten. Melange blieb die Spitzenmarke vor allem für die Gastronomie. Wenn sie erhältlich war, wurde diese Mischung verschiedener Röstkaffees nur in ganzen Bohnen verkauft. Die Edelmarke für den Handel war Mona-Kaffee des Kombinats Kaffee & Tee, eine aus reinem Kaffee geröstete Mischung zu 10 Mark das 250-Gramm-Päckchen. Als die Weltmarktpreise für Kaffee in den 70-er Jahren jedoch in die Höhe schnellten, wurde Mona aus den Regalen von HO und Konsum genommen und nur noch in Delikat-Geschäften angeboten. Später gab es dann bei Delikat fast nur noch Kaffee aus der Gestattungsproduktion für Westdeutschland. Um die Lücke zu füllen, die der aus den Regalen entfernte Mona-Kaffee hinterlassen hatte, wurde das neue Produkt Kaffee-Mix entwickelt, eine mit Surrogaten versetzte Pulverkaffeemischung. Dieser überwiegend mit Zuckerrübenschnitzeln gestreckte Kaffee, vor dem sogar der DDR-Brühautomat kapitulierte und der einfach nicht nach Kaffee schmecken wollte, blieb – von der DDR-Bevölkerung als „Erichs Krönung" verspottet – ein Ladenhüter.

Melitta Bentz

Eines kann man sich in Ostdeutschland zugute halten: Im Kaffeeland Sachsen wurde auch der Kaffee-Filter erfunden. Wir verdanken diese großartige Erfindung der 1873 in Dresden geborenen Hausfrau Melitta Bentz, die sich nicht mit dem lästigen Kaffeesatz abfinden wollte. Deshalb experimentierte sie mit Löschblättern aus den Schulheften ihrer Söhne, die sie in einen Messingtopf legte, den sie zuvor selbst mit Nägeln durchlöchert hatte. Der Erfolg ihrer Idee beflügelte sie, solche Filtertüten für kaffeesatzfreien Kaffee kommerziell herzustellen. Das kaiserliche Patentamt erteilte ihr am 8. Juli 1908 Gebrauchsmusterschutz, am 15. Dezember wurde ihre Firma mit einem Eigenkapital von 73 Pfennigen in das Handelsregister eingetragen.

Mit Kuchen und Keksen durchs DDR-Backjahr

Selbst in Zeiten des Sozialismus stand die traditionelle hausfrauliche Fertigkeit des Backens weiter hoch im Kurs. Allerdings schrieb das Backen nicht nur ein „überkommenes“ Vorstellungsbild von der Frau im DDR-Staat fest, sondern setzte auch landsmannschaftliche und jahreszeitliche Traditionen fort, die eigentlich wenig in das neue ideale Menschenbild allseitig entfalteter und entwickelter sozialistischer Persönlichkeiten passte. Nichtsdestotrotz – die Hausfrauen in der DDR scherten sich wenig darum.

Auch das Backjahr der DDR fing mit **Neujahr** an. So hat man beispielsweise in Mecklenburg, wo man sich beim Kochen ohnehin an norddeutschen Gepflogenheiten orientierte, die Tradition des Silvesterpunsches mit dem Appelkauken, dem in Fett ausgebackenen Hamburger Hefepfannkuchen mit Apfelstücken, übernommen. Ein anderes typisches Neujahrsgebäck ist der Berliner, der in den Karnevalsregionen in närrischer Zeit gerne genossen wird. Nach alter Tradition wurden einzelne Berliner anstelle mit einer Marmeladenfüllung mit einer Senffüllung versehen.

Die nächste große Festivität nach den Neujahrsfeierlichkeiten war die **Fastnacht**, die zumindest im Süden der DDR und vor allem in Thüringen begangen wurde. Der Karneval war vor der DDR-Zeit in Mitteldeutschland nicht sehr ausgeprägt und wurde von der DDR-Führung mit äußerstem Misstrauen beobachtet. Aktiviert wurde das närrische Treiben vor allem durch evakuierte Rheinländer, die dem alliierten Bombenhagel zwischen Ruhr und Köln nicht länger ausgesetzt sein sollten. Für diese „Fünfte Jahreszeit“ gab es sowohl Fastnachtsküchlein wie auch Mutzen und Mutzemandeln, die gleichfalls von den Rheinländern importiert worden waren.

Zu **Ostern** begann dann die lange Saison der Obstkuchen. Diese Saison wurde vom Rhabarber „eingeläutet“, einem Obst, das eigentlich zu den Gemüsen zählt. Aber in jeder Datsche standen ein paar Rhabarberpflanzen, deren Stängel dann in Stücke geschnitten Platz auf dem Kuchenteig fanden. Die ganze DDR war berühmt für ihre Rhabarberkuchen.

Äpfel stellten das Hauptobst im Lande dar

Einer der bekanntesten Kuchen ist die Dresdner Eierschecke

Mit dem beginnenden **Frühjahr** wurden neben den großen Blechkuchen wie Butter- oder Streuselkuchen, Hefekuchen und Bienenstich auch Rahmkuchen, Bienenstichtorte oder Spritzkuchen gebacken. Jetzt war auch die Zeit für die Quarkkuchen in vielen Variationen, so aus Hefeteig mit Butter- oder Schokoladenstreuseln, mit Rosinen oder Mandeln oder die ganz feine Eierschecke mit der lockeren Creme oder der sahnigen Quarkmasse, die im Süden des Landes von den süßen Sachsen und Thüringern so gerne gegessen werden. Gleiches gilt für den Kleckselkuchen, mit dem man ursprünglich Reste verwertete. Als kleineres Kuchengebäck boten sich die Leipziger Lerchen an. In Berlin und Brandenburg bevorzugte man in erster Linie den Napfkuchen.

Wenn Beeren, Kirschen, Mirabellen, Zwetschgen und Aprikosen reifen, ist der **Sommer** ins Land gezogen – Grundlage für wunderbare Obstkuchen.

Wenn der Hochsommer in den **Spätsommer** übergeht, ist die Zeit der Apfelernte gekommen. Da Südfrüchte nur schwer zu bekommen waren und Äpfel das Hauptobst im Lande darstellten gab es in der DDR ausgedehnte Apfelplantagen. Die Datschen waren natürlich genauso mit Apfel- und Birnbäumen bestückt wie mit Beerensträuchern und Kernobstbäumen. Äpfel fanden vielerlei Verwendung beim Kuchenbacken. Besonders beliebt war der Thüringer Schmandkuchen, ein auf dem Blech gebackener Obstkuchen mit einer Unterlage von Grießbrei und mit dickem Belag, für den man sehr gerne Äpfel und Sahne nahm.

Neben Äpfeln und Birnen reifte im Spätsommer der vor allem im Süden der DDR weit verbreitete Mohn, Grundlage für den berühmten Mohnkuchen, der in vielerlei Variationen bis hin zum Striezel gebacken wurde.

Der Spätsommer ist die Zeit der Waldbeeren. In der DDR war es üblich, die Wälder nicht nur nach Pilzen, sondern auch nach Heidelbeeren und Preiselbeeren zu durchstreifen.

Wenn der Sommer ausklingt und sich die gemütlichen Familienrunden unter Freunden und Verwand-

Kirschen, Mirabellen und Zwetschgen waren die Grundlage für wunderbare Obstkuchen

Kunden drängen sich auf dem Weihnachtsmarkt in Ost-Berlin an einem Stand für Süßwaren und Waffeln

ten mit dem beginnenden **Herbst** vom Freien wieder mehr in die Häuser verlagerten, dann war auch in der DDR die große Zeit der Torten gekommen. Eine Vielfalt regionaltypischer Rezepte gab diesen Treffen ihr besonderes Gepräge. Im Süden der DDR zählte dazu die Dresdner Baumkuchentorte, der sächsische Prasselkuchen, Quarkkuchen mit Streuseln, der Thüringer Schwarz-Weiß-Kuchen, der Zupfkuchen und der Karamellcremekuchen. Auch Windbeutel wurden in dieser Zeit gerne hergestellt.

Der Herbst ist auch die Zeit, in der auf den mecklenburgischen und brandenburgischen Sandböden die Heide blüht und den wunderbaren Heidehonig liefert. Ein besonders schöner Kuchen ist der Heidehonigkuchen.

Die **Advents- und Weihnachtszeit** ist eine Zeit besonders aktiver Bäckerei. Es ist vor allem die Hochzeit für Kekse und Kleingebäck. Im Norden der DDR – wie an der gesamten Ostseeküste – werden in der Vorweihnachtszeit gerne Pfeffernüsse gebacken, jene kleinen Pfefferkekse aus Honigkuchen mit einem mit Rum vermengten Puderzucker. Bekannt und beliebt waren auch Eierkränzchen und Kringelplätzchen, die schon den Kindern zu Weihnachten gebacken wurden, als es noch gar keine Weihnachtsbäume gab. Der berühmteste aller Weihnachtskuchen ist zweifelsohne der Dresdner Christstollen. Der Mohnstriezel als schlesische Variante stellt einen stollenartig geformten Hefeteiglaib mit Rosinen und Mandeln dar, der von einer gewundenen Mohnfüllung durchzogen ist. Ein in der Vorweihnachtszeit besonders geschätztes Gebäck ist der Baumkuchen, der allerdings zu allen Jahreszeiten sehr gut schmeckt und weit über die Grenzen der DDR hinaus berühmt geworden ist.

In der DDR gab es ausgedehnte Apfelplantagen

Tipps und Tricks:

Oft waren trotz aller Bemühungen nicht immer alle Zutaten in der DDR zur Hand – dann musste man sich behelfen. Zum Beispiel:

Kein Zitronat...

Aus Kürbis lässt sich Zitronat gewinnen: feste Stücke von süß-sauer eingelegtem Kürbis auf einen Teller legen und in der Backröhre bei milder Wärme trocknen. Die Stücke dann wie Zitronat verwenden. Auch grüne Tomaten wurden als Zitronatersatz verwendet.

Keine Mandeln...

Anstelle von süßen Mandeln kann man auch geschälte Kürbiskerne oder Nüsse nehmen. Aber Achtung: Kürbiskerne haben einen originellen Nebeneffekt: sie färben die Backware grün! Bittere Mandeln lassen sich mit Kernen von Aprikosen, Pfirsichen, Pflaumen oder großen Kirschen austauschen. Auch Bucheckern sind als Mandelersatz bekannt.

Keine Rosinen...

Statt Rosinen kann man in Würfelchen geschnittenes Backobst (Pflaumen, Birnen, Aprikosen) im Kuchen einsetzen.

Kein Backfett...

Schweine- und Hammelfett lässt sich beim Backen anstelle von Margarine verwenden, es macht das Gebäck besonders mürbe. Von Talg ist abzuraten, weil damit das Gebäck leicht bröckelig wird und mitunter einen Nachgeschmack bekommt.

Keine Sahne...

Schlagsahne stellte man zu DDR-Zeiten aus Butter und Milch wie folgt her: 1/2 Liter Milch mit 250 Gramm Butter im Wasserbad erhitzen, bis die Butter geschmolzen ist. Dann auf etwa 40 ° Celsius abkühlen und 1 Eigelb untermixen (3 Minuten). Das Gemisch in einem hohen Gefäß 24 Stunden in den Kühlschrank stellen und dann wie Schlagsahne aufschlagen.

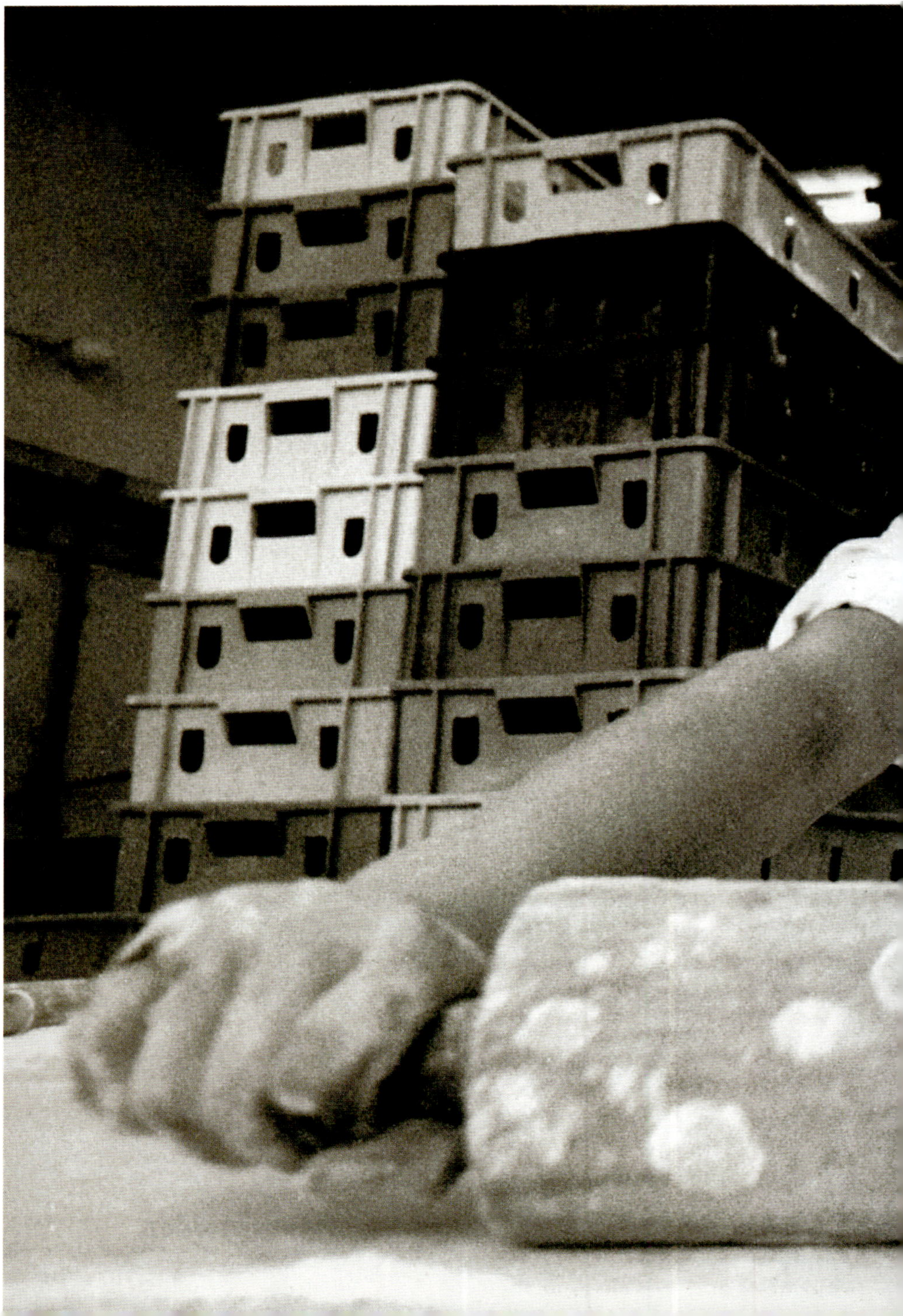

Puderzucker sollte vor der Verwendung mit einem Rollholz zerdrückt werden, um Verklumpungen auszuschließen

Kein Marzipan…

Marzipan kann man als Mandelmarzipan, als Grießmarzipan oder als Kartoffelmarzipan selbst herstellen. Wie man bei der Zubereitung vorgeht, erfahren Sie in den nachfolgenden Rezepten.

Mandelmarzipan

Zutaten: 100 g süße Mandeln, 5 bittere Mandeln, 100 g Puderzucker und 1 Tl Likör.

Dazu brüht man die Mandeln, zieht ihre Haut ab, lässt sie vollständig trocknen und dreht sie dann zweimal durch die Reibmaschine. Die geriebenen Mandeln werden mit dem Puderzucker vermischt, das Ganze wird nochmals durch die Reibmaschine gegeben, der Likör hinzugefügt und alles zusammen mit kühlen Händen rasch zu einer glatten Masse verarbeitet.

Grießmarzipan

Zutaten: 100 g Grieß, 100 g Puderzucker, 25g Butter, 2 El Weinbrand und Mandelaroma.

Alle Zutaten werden miteinander vermischt, dann gibt man 4–5 Tropfen Mandelaroma (oder 1/2 Tl fein gehackte Aprikosenkerne) dazu und drückt die Masse mit kühler Hand zusammen (wenn der Teig krümelt, gibt man noch einige Tropfen Wasser hinzu).

Große Blechkuchen wurden häufig im Dorfbackhaus oder beim Dorfbäcker gebacken

Kartoffelmarzipan

Zutaten: 100 g Zucker, 2 El Wasser, 200 g Salzkartoffeln und Mandelaroma.

Zunächst den Zucker mit 2 El Wasser verrühren und kochen. Dann frische Salzkartoffeln durchpressen und mit dem Zucker unter Rühren erhitzen, bis sich die Masse zusammenballt. Nun den Topf vom Feuer nehmen, den Inhalt mit Mandelaroma abschmecken und zugedeckt ein bis zwei Tage stehen lassen.

Kein Krokant…

Krokant kann man als Mandelkrokant, Brotkrokant oder Haferflockenkrokant selbst herstellen.

Mandelkrokant

Zutaten: 100 g Mandeln, 100 g Zucker und 1 Päckchen Vanillezucker.

Die Mandeln (oder Nüsse) geschält oder ungeschält grob hacken. Dann den Zucker unter Rühren in einem Tiegel zerlaufen lassen, die Mandeln und den Vanillezucker hinzufügen und rühren, bis die Masse gelbbraun ist. Die Masse dann auf eine geölte Platte geben und mit einem Messer breit drücken.

Brotkrokant

Zutaten: 50 g hartes Brot (Schwarzbrot), 10 g Butter und 100 g Zucker.

Das Brot reiben. In einem Tiegel Butter zerlaufen lassen, das Brot hineingeben, den Zucker darüber streuen und rühren, bis dieser gelbbraun ist. Dann die Masse auf eine geölte Platte geben und fest drücken.

Haferflockenkrokant

Zutaten: 50 g Haferflocken, 10 g Butter und 100 g Zucker.

Große Haferflocken grob hacken, das Mehl absieben und die Haferflocken in einem erhitzten, mit der Butter eingefetteten Tiegel leicht rösten, den Zucker dazugeben und rühren, bis alles gelbbraun ist. Die Masse auf eine Platte geben und breit streichen.

Krokant wird als Süßigkeit (Konfekt) in regelmäßige Stücke geteilt, zum Verzieren von Gebäck grob und als Zugabe für Teige und Cremes fein zerstoßen.

Pannenhilfe bei kleinen Missgeschicken

Köstliche Zuckerkringel – direkt aus dem Ofen einer Großbäckerei

Leicht verbrannte Kuchen...

sind meistens noch für die Gästebewirtung zu verwenden, wenn die dunklen Stellen mit einem Reibeisen abgerieben werden.

Stärker verbranntes Gebäck...

lässt sich nach dem Abschneiden der dunklen Kuchenrinde mit Cremegarnituren oder anderen Füllungen wieder appetitlich anrichten.

Unebenheiten...

treten mitunter durch ungleichmäßiges Hochgehen bei fertigem Gebäck auf. Das Gebäck muss dann mit einem Messer (oder einem Reibeisen) begradigt werden. In solchen Fällen wird dieser Teil gerne als Unter- und der untere Teil als Oberfläche verwendet.

EXKURSE
Kathi

Eine Erfolgsgeschichte aus Halle an der Saale

Kathi-Backmischungen sind heute in ganz Deutschland erhältlich. Der Ursprung der Firma reicht über fünfzig Jahre zurück.

Am 31.03.1951 gründete Kurt Thiele die Firma „Kathi-Nährmittelfabrik Kurt Thiele“ in Halle. Damals wurden Suppen, Saucen und Kuchenmehle produziert. Ab 1955 gingen auch Exporte in das westliche Ausland zum Beispiel nach Skandinavien und Island. Im Jahre 1959 kaufte Kurt Thiele die Firma „Dr. Backhoff Leipzig“ und sicherte sich damit die Rechte an Backpulverrezepten. 1969 setzten die staatlichen Zwangsregulierungsmaßnahmen ein. Im Zuge dieser Entwicklung wurde die Firma Kathi zum ausschließlichen Hersteller von Backmischungen umfunktioniert und die Produktion der anderen Erzeugnisse auf andere Planwirtschaftsbetriebe verlagert.

Im Jahre 1972 erfolgte dann die Enteignung. Die Backmischungsproduktion wurde in das „VEB Kombinat Nahrungsmittel und Kaffee Halle“ eingegliedert. Im Jahre 1991 erfolgte dann die Reprivatisierung durch Rainer Thiele. Anfänglich kamen ganze 8 Kuchenprodukte auf den Markt, seither hat sich das Sortiment ganz erheblich erweitert und die Firma Kathi konnte auch im Westen bedeutende Marktpositionen besetzten. Im Jahre 2001 konnte „Kathi“ fünfzigjähriges Bestehen feiern und

Kathi-Firmengelände

Firmengründer Kurt Thiele und Ehefrau

Kathi-Firmenwagen

Kathi stellte die legendären und äußerst beliebten Fertigbackmischungen her und exportiert heute in viele Länder der Erde

am 4. Juni 1994 fand die festliche Einweihung der neuen Kathi-Firmengebäude statt. Geplant ist die Reaktivierung des ehemaligen Firmengeländes in Halle mit der Rekonstruktion der bestehenden Lagerhalle sowie dem Neubau eines Logistikzentrums.

Heute erfreut Kathi mit Innovationen wie „Mango-Milchschaum-Mürbteigkuchen“ und „Limette-Buttermilch-Biskuitkuchen“ oder eher traditionell mit „Mandarinen-Traum-Schmandkuchen“ immer mehr Herzen auch im Ausland. Kathi ist somit auch ein Exportschlager geworden.

Ob König oder Bürger – Baumkuchen schmeckt jedermann

Der auf rotierenden Walzen gebackene Baumkuchen machte vor allem Salzwedel berühmt

Baumkuchen

Ein Traditionsgebäck, das Salzwedel berühmt gemacht hat.

Baumkuchen wird zum ersten Mal in einer Schrift aus dem Jahre 1682 erwähnt, die der Hofmedicus des Großen Kurfürsten Johann Sigismund Elsholz unter dem Titel „Gewürztes Brot und von allerhand Gebackenes" herausgab. Darin beschreibt er ein Berliner Spezialgebäck, einen großen Kuchen, den er „Placentae cylindricae" beziehungsweise „Baumkuchen" nennt. Die Art seiner Herstellung sei im Allgemeinen bekannt, schreibt er: „Die Kuchen werden am offenen Feuer wie Fleisch am Spieß gebacken".

Die Geschichte des Salzwedeler Baumkuchens ist mit Ernst August Garves verbunden, der einer französischen Emigrantenfamilie entstammte. Er war ein ausgezeichneter Küchenmeister beim Markgrafen von Schwedt, dem Schwager des großen Friederich. Doch der Dienst unter Friedrich Wilhelm II. behagte ihm nicht. Er wandte deshalb Berlin den Rücken, zog nach Salzwedel und übernahm die Bewirtschaftung des Neustädter Kellers, des heutigen Hotels Schwarzer Adler, das später von seiner Tochter Louise Lentz weitergeführt wurde. Als Friedrich Wilhelm IV. am 26. Mai 1841 Salzwedel besuchte, gab die Stadt zu Ehren des Königs ein Essen, zu dem auch Baumkuchen gereicht wurde. Der Kuchen mundete dem König so vorzüglich, dass er bat, den Rest für seine Gemahlin mitnehmen zu dürfen. Louise Lentz sandte zu Weihnachten einen Baumkuchen an den Hof nach Berlin - seither folgten Bestellungen aus Wien und Petersburg. Der Weg in die Welt war für den Salzwedeler Baumkuchen frei.

Später wurde die Baumkuchenbäckerei von der Familie Schernikow weiterbetrieben. Im Jahre 1807 schrieb Johann Schernikow seine legendäre Baumkuchen-Rezeptur in seinem „Conditorei-Buch" nieder und gründete 1808 seine „Conditorei und Baumkuchen-Fabrikation" in Salzwedel. 1842 übernahm Andreas Schernikow das Geschäft seines Vaters, erbte diese wertvolle Handschrift, und noch im gleichen Jahr wurde ihm die Schutzmarke für diesen Kuchen erteilt. Für das weitere Geschäft war seine 1865 erfolgte Ernennung zum kaiserlich-königlichen Hoflieferanten besonders wichtig. Nach dem Beginn des 2. Weltkrieges konnte nur der Kunde einen „echten" Baumkuchen bekommen, der die Rohstoffe anlieferte. Für den Verkauf wurde der Kuchen nach einer Spar-Rezeptur hergestellt. Im Jahre 1958 erfolgte dann die Enteignung des Betriebes. 1990 wurde die Produktion des „Echten Salzwedeler Schernikow Baumkuchens" durch die Familie Oskar Hennig wieder aufgenommen, die auch in den Besitz der alten Schutzmarke für die traditionsreiche Rezeptur kam.

Heute sind neben der „Ersten Salzwedeler Baumkuchenmanufaktur" noch der Salzwedeler Baumkuchen Betrieb „Milde Back", die „Salzwedeler Baumkuchen GmbH" und die „Konditorei und Bäckerei Rolf Krüger" als Baumkuchenlieferanten tätig.

Hallorenkugeln

Ein Produkt mit Kultstatus

Die Hallorenkugeln aus dem VEB Halloren Halle, jene Pralinen aus der DDR-Zeit mit der hellen und der dunklen Hälfte waren nur als „Bückware" erhältlich und sind heute als Komposition aus einer sahnigen Rum-Creme, umhüllt von zarter Schokolode, von der „Halloren Schokoladenfabrik GmbH" weiter auf dem Markt.

Der Ursprung dieser Firma geht auf eine im Jahre 1804 von F.A. Miethe in Halle an der Saale gegründete Schokoladenfabrik zurück. Unter dem Namen „David und Söhne" gewann die Firma um die Jahrhundertwende einen erstklassigen Ruf als Hersteller hochwertiger Pralinés. Auf dem Höhepunkt des Zweiten Weltkrieges wurde die Produktion eingestellt und der Betrieb zur Außenabteilung eines Flugzeugwerkes umfunktioniert, das nunmehr Zubehörteile fertigte für Flugzeugtragflächen. 1950 nahm hier das „Kombinat Süßwaren" die Herstellung von „Original Halloren Kugeln" wieder auf. 1990 erfolgte der Neuanfang unter dem Namen „Halloren Schokoladenfabrik", die zwei Jahre später privatisiert werden konnte. Diesem Unternehmen gelang es, die edlen Kugeln fest im Markt zu etablieren und umfänglich zu expandieren. Dafür wurden auch neue, moderne Produktionsanlagen in Halle gebaut. Angeschlossen ist ein Schokoladenmuseum mit Exponaten zur Geschichte der Schokolade und der Schokoladenfabrik, das sich zusammen mit dem so genannten Schokoladenzimmer und der gläsernen Schauproduktion großer Beliebtheit erfreut.

Pralinen aus Deutschlands ältester Schokoladenfabrik

Filinchen

Erfolg auf ganzer Linie

„Filinchen“ war die Marke eines Waffelbrotes des VEB Backwaren Gutena in Apolda und gehört zu den wenigen kalorienreduzierten Produkten, die von der DDR-Bevölkerung richtig akzeptiert wurden – kein Wunder, dass sie heute wieder erhältlich sind.

Mitarbeiterinnen des VEB Backwaren Gutena beim Konfektionieren

Filinchen Waffelbrot – das Traditionsprodukt aus Apolda

Die GUTENA Nahrungsmittel GmbH wurde 1946 im thüringischen Apolda als Handwerksbetrieb für die Produktion von Back- und Konditoreiwaren gegründet. Zwischenzeitlich enteignet, besteht das Unternehmen heute wieder in privater Hand. Hier werden die allseits bekannten Waffelbrote und spezielle Produkte für den diätetischen Bereich, so für Diabetiker und an Zöliakie Erkrankte, hergestellt. Die Waffelbrote tragen den patentrechtlich geschützten Namen „Filinchen“ und haben sich auch in den alten Bundesländern längst zu einem bekannten Markenartikel entwickelt.

„Filinchen“ ist übrigens kein Knäckebrot im herkömmlichen Sinn – es wird im Waffeleisen knusprig und frisch gebacken. Es eignet sich in seiner Vielseitigkeit sowohl zum Belegen mit süßen oder herzhaften Aufstrichen, als auch zum Knabbern und Dippen bei Bier und Wein.

Am neuen Firmenstandort am Rande der Stadt Apolda wird seit 1998 auf 2.000 m^2 Betriebsfläche mit über 35 Mitarbeitern an modernen Anlagen produziert.

Hansa-Keks

Traditionskeks aus dem Osten

Der Hansa-Keks war der beliebteste Keks in der DDR, hergestellt vom „VEB Nahrungsmittelkombinat Albert Kunz“ in Wurzen. In Wurzen ging die Backtradition schon auf eine im 15. Jahrhundert genannte Mühle zurück – im Zusammenhang mit dieser Mühle entwickelte sich noch im gleichen Jahrhundert eine Biskuitfabrikation. Nach dem Zweiten Weltkrieg erfolgte die Enteignung. 1972 wurden mehrere Nahrungsmittelbetriebe in der DDR zum „VEB Nahrungsmittelkombinat Albert Kuntz” zusammengeschlossen. Alte Technik wurde demontiert und neue Produktionslinien eingerichtet, so eine Maisentkeimungsanlage, Cornflakes-Produktion, Erdnussflips-Technik usw.. Mit etwa 1.000 Beschäftigten war dies der größte Betrieb seiner Art in der DDR. Im Zuge der Wende trennte sich 1990 die Bäckerei ab. Es erfolgte damit die Neugründung der „Wurzener Dauerbackwaren GmbH“. Auf der Basis steigender Nachfrage wurde 1992 eine neue Produktionshalle errichtet. Mit der Wiedereinführung der sächsischen Traditionsmarke „Wurzener Feingebäck” ist die Standortsicherung gegeben.

Kekse des VEB Nahrungsmittelkombinats Albert Kuntz in Wurzen

Inzwischen hat die „Wikena Keks und Nahrungsmittel GmbH“, die aus dem zweitgrößten DDR-Dauerbackwarenproduzenten „VEB Süß- und Dauerbackwarenfabrik Wittenberg“ hervorgegangen war, die Markenrechte am Hansa-Keks erworben. Die Zutaten für diesen Mürbekeks kommen zu hundert Prozent aus dem Osten.

Meißner Fummel

Ein traditionelles Gebäck aus Sachsen

„Meißner Fummel" ist ein traditionelles Gebäck aus Sachsen, von dem gerne behauptet wird, dass es zu 90 Prozent aus Luft bestünde. Es handelt sich dabei um einen mehr oder weniger runden „Ballon" oder Hohlkörper aus sehr dünnem Teig, der, wenn er gebacken wurde, äußerst spröde und daher fragil ist.

Zu diesem Gebäck gibt es eine Geschichte. Früher verkehrte zwischen Dresden und Meißen regelmäßig ein Postkurier des sächsischen Kurfürsten, der allerdings immer öfter die Post lädiert ablieferte. Dieser Kurier liebte es, wenn er schon in der Gegend war, dem Meißner Wein zuzusprechen, und zwar in einem solchen Maße, dass er sich später kaum noch im Sattel halten konnte. Auf dem Rückritt nach Dresden konnte es dann passieren, dass er im Rausch vom Pferde fiel oder mit der Posttasche so unachtsam umging, dass die Post beschädigt wurde. Das ärgerte den Kurfürsten mächtig und er befahl der Bäckerzunft zu Meißen, ein leicht zerbrechliches Gebäck herzustellen, das der Kurier nach Rückkehr höchst persönlich dem Kurfürsten vorzeigen musste, und zwar in seiner ganzen Pracht. So entstand der luftig leichte Meißner Fummel.

Das Gebäck wird heute noch von einer Meißner Konditorei hergestellt, die allerdings ihr Rezept für die Meißner Fummel geheim hält.

Die Zutatenliste in alten DDR-Backbüchern unterscheidet sich nicht wesentlich von dem, was früher im Westen an Backmaterial zum Einsatz kam. Die Grundzutaten wie Mehl, Eier, Zucker oder Backfett waren verfügbar. Das Problem bereiteten „exotische" Zutaten, die nur sporadisch erhältlich waren oder die es später nur noch in den Delikat-Läden gegen hohe Preise gab. Vor allem Westkontakte verhalfen vielen DDR-Bürgern zu den so begehrten Rosinen und Schokoladensplittern oder anderem, was für feines Gebäck erforderlich ist.

Eine große Auswahl an Brotsorten gab es in der DDR nicht. Dafür kostet ein Brötchen gerade mal 5 Pfennig und ein Mischbrot war bereits für 80 Pfennig zu haben

Russisch Brot

Erfolgreiches Erbe aus DDR-Zeiten

Die Geschichte dieses fettfreien Gebäcks aus Zucker, Mehl, Eiweiß, Kakao, Karamell, Malz und Vanille lässt sich nicht mehr genau an ihren Ursprung zurückverfolgen, aber seine Spuren führen nach Russland. Auch wenn heute dort niemand mehr diese Spezialität kennt, sind die Wurzeln dieses Gebäcks doch im Zarenreich zu finden. Hier wurde es einst unter dem Namen Bukwi verkauft. Um 1844 brachte der Dresdner Bäckergeselle Ferdinand Wilhelm Hanke (1816 - 1880) als erster die Rezeptur für dieses Buchstabengebäck von der Walz aus St. Petersburg in die Heimat mit. Er hatte es am Newskij-Prospekt backen gelernt und dort kurzzeitig sogar eine eigene Backstube besessen. In Dresden eröffnete er dann die „Deutsche & Russische Bäckerei", wo er Deutschlands erstes Russisch Brot buk.

Die Dresdner Firma Gebr. Hörmann stellte das Russisch Brot Ende des 19. Jahrhunderts in manueller Fertigung her und brachte es in den weltweiten Vertrieb. Die Firma Hörmann wurde Deutschlands größte Waffelfabrik. Im 2. Weltkrieg wurden die Anlagen zur Produktion von Russisch Brot zerstört. Erst Ende der 50er Jahre konnte die Produktion von Russisch Brot in der wieder aufgebauten Dauerbackwarenfabrik BERBÖ erneut aufgenommen werden, die dann mit der Zwangsverstaatlichung am gleichen Standort von den Nachfolgern VEB RuBro und später VEB Elite Dauerbackwaren weitergeführt wurde. Russisch Brot war zu DDR-Zeiten längst zu einem Kultprodukt avanciert und meist nur als Bückware erhältlich – auch wegen des niedrigen Preises von 80 Pfennig pro Beutel. Die Nachfrage nach diesem Gebäck war so groß, dass noch 1989 eine neue Anlage zur industriellen Produktion des Gebäcks gebaut wurde. Nach der Wiedervereinigung wurde der VEB Dauerbackwaren aufgelöst. Der Konstrukteur der Anlage rettete diese vor der Verschrottung und gründete eine eigene Firma, die Dr. Quendt Backwaren GmbH, wo Russisch Brot heute sowohl in der klassischen Version als auch mit feiner Schokolade überzogen hergestellt wird.

Großbäckerei zu Zeiten der DDR

Backeinrichtungen

In alten DDR-Backbüchern findet man ganz selbstverständlich neben Gebrauchsanweisungen und Backvorgaben zu Elektroherden und Gasherden auch noch Hinweise zu Kohleherden. Auch im Westen wurden diese Kohleherde erst nach und nach durch neue, moderne Geräte ersetzt. Die jüngste Entwicklung der Umluftherde hat die DDR-Haushalte aber (fast) nicht mehr erreicht.

Angaben über die erforderliche Backhitze erfolgen in alten DDR-Backbüchern nicht nach Temperatur oder Einstellungsangaben, sondern es wird lediglich nach „milder Hitze", „Mittelhitze" und „starker Hitze" unterschieden.

Bei den Backzeiten waren auch keine minutengenauen Angaben möglich, da sowohl Gasdruck als auch Stromzufuhr bisweilen Schwankungen unterworfen war und der Kohlenherd nicht gleichmäßig brannte.

Bei der Zutatenbeschaffung waren DDR-Bürger kreativ und erfinderisch

Zutaten

Alte DDR-Backbücher und westdeutsche Backbücher unterschieden sich selbstverständlich nicht grundsätzlich hinsichtlich der Backzutaten, da Grundzutaten wie Mehl, Eier, Backfett und Zucker auch in der DDR verfügbar waren. Kurios erscheinen heute jedoch einige Anmerkungen aus alten DDR-Backbüchern.

Bei den Ausführungen zu **Eiern** heißt es beispielsweise: „Die Eier zum Backen müssen tadellos sein. Es ist aber nicht erforderlich Frischeier zu nehmen; auch eingelegte Eier sind zum Backen geeignet." Ein solcher Hinweis wäre heute sicherlich undenkbar. Immerhin wird aber empfohlen, „jedes Ei erst in ein Töpfchen zu schlagen, denn ein schlechtes Ei würde die anderen Zutaten verderben."

Interessant sind auch die Ausführungen zu Enteneiern: „Enteneier lassen sich nur für solches Backwerk verwenden, dass der Backhitze mindestens 45 Minuten ausgesetzt bleibt, nicht aber für solches, das eine kurze Backzeit hat, wie z.B. Teigplatten für Biskuitrollen."

Als Flüssigkeit wird in den alten DDR-Backbüchern meist **Milch** verarbeitet. Aber auch Sahne, Wasser, Molke, Obstsaft, Wein oder Bier wurde für Backteige verwendet. Auffällig ist jedoch, dass in großem Umfang Liköre und Schnäpse, wie zum Beispiel Rum oder Weinbrand, auf den Zutatenlisten zu finden waren.

Als **Backfett** konnten alle zur menschlichen Nahrung gehörenden Fette verwendet werden. Butter sollte allerdings nur den feinsten Kuchen und Torten sowie dem Streichen der Weihnachtsstollen vorbehalten bleiben. Im allgemeinen genügte es, Margarine zum Backen zu verwenden. Von Schmalz wurde eher abgeraten, da es das Gebäck mürbe machte. War einmal keine Margarine oder Butter zur Hand, so konnte Backfett auch durch ein Öl-Talg-Gemisch zu gleichen Teilen selbst hergestellt werden. Hierzu erwärmte man den Talg und gab unter ständigem Rühren das Öl hinzu.

Wurde **Quark** als Backzutat verwendet, so durfte dieser nicht sauer schmecken und weder hart noch körnig sein. Gegorener Quark konnte durch Verrühren mit Natronwasser entsäuert werden. Quark konnte auch die Fettzugabe zur Hälfte ersetzen, allerdings musste dann statt Fett die doppelte Menge Quark genommen werden. Benötigte man zum Beispiel für einen Hefe- oder Mürbeteig 200 g Margarine, so konnte die Hälfte des Fettes durch 200 g Quark ersetzt werden.

Abkürzungen/ Zeichen-erklärungen

Tl	Teelöffel
El	Esslöffel
TK	Tiefkühlprodukt
g	Gramm
kg	Kilogramm
l	Liter
cl	Zentiliter
ml	Milliliter
Eier	Wenn nicht anders angegeben, handelt es sich immer um mittelgroße Eier der Gewichtsklasse 3
E	Eiweiß
F	Fett
KH	Kohlenhydrate

Gäste in einem Straßencafé gienießen die sommerlichen Temperaturen

Zur Lockerung des Teiges werden die verschiedensten **Treibmittel** aufgeführt. Dazu zählen neben Hefe und Backpulver vor allem Pottasche, Hirschhornsalz und Natron. Zusammen mit Feuchtigkeit und Wärme entwickelt sich Kohlensäure, die aufsteigt und dabei den Teig lockert. Auch Luft, in Eischnee eingefangen oder durch kräftiges Schlagen in den Teig hineingebracht, und verdampfende Flüssigkeit trieb das Gebäck hoch.

Mit **Schokolade und Kakao** versetzte Backteige waren aufgrund ihres guten Geschmacks und wegen ihrer ansprechenden Farbe besonders beliebt. Leider wurde das Angebot an Schokoladenzutaten in der DDR qualitativ immer schlechter, weil man unter anderem durch Zusatz von Ersatzstoffen die kaum bezahlbaren Devisenausgaben für Kakao und Schokoladeneinfuhren reduzieren wollte. Eine preiswerte Schokoladenglasur erhielt man, wenn man nach den Feiertagen übrig gebliebene Osterhasen und Nikoläuse im Wasserbad schmolz und Plattenfett hinzufügte.

Zum **Süßen** der Teige wurden Zucker, Sirup, Honig oder Süßstoff verwendet. Interessant ist der Hinweis, „daß gekochter Honig einfache Teige hart macht, deshalb sei dieses Gebäck längere Zeit vor dem Verbrauch zu backen, damit es, in einer Dose aufbewahrt, wieder mild wird."

Auf die Schwierigkeiten bei der **Zutatenbeschaffung** wurde bereits hingewiesen. Viele Backzutaten waren in der DDR nur saisonal oder regional erhältlich oder es gab sie später nur noch überteuert in den Delikat-Läden beziehungsweise in den Intershop-Läden gegen Devisen. Auch einige Zutaten in dem vorliegenden Backbuch waren nur schwer oder selten erhältlich, wie zum Beispiel

• Bittere Mandeln (man behalf sich bei einem Engpass gerne mit Bucheckern)

• Crème double (hier griff man auf saure Sahne zurück)

• Kräuterbutter (wurde, ebenso wie Sardellen-, Tomaten- und Lachsbutter, selbst hergestellt)

• Frischhaltefolie (hier behalf man sich mit Pergamentpapier)

• Speisestärke (diese wurde durch Maismehl, Reisstärke oder Kartoffelmehl ersetzt)

• Zitronat (gewann man ersatzweise aus grünen Tomaten oder Kürbissen)

• Leinöl (war vor allem in der Gegend um den Spreewald zu haben)

Sogenannte Bückware und nicht überall zu bekommen waren unter anderem auch brauner Zucker, Frischkäse, Mokkapulver, Orangeat, Palmin, Safran, Schmand, Trockenhefe, kandierte Früchte, halbbittere Schokolade und Preiselbeeren.

Allerdings galt auch hierfür: „In der DDR gibt es alles, man muß nur wissen wo", weshalb diese Zutaten auch im vorliegenden Backbuch zu finden sind.

Bei Engpässen wusste man immer einen Ausweg und die Tipps und Tricks beim Fehlen einer Zutat lesen sich so verblüffend wie originell:

• Mehl konnte durch Kartoffeln oder Quark ersetzt werden

• Eiweiß lässt sich auf die doppelte Menge strecken, wenn man ein Esslöffel kaltes Wasser auf ein Eiweiß hinzufügt

• Fehlende Eier wurden zum Teil durch Backpulver ersetzt

Auch für die „Wiederbelebung" älterer Gebäckstücke wusste man stets guten Rat:

• Harter Lebkuchen oder Stollen wurde wieder weich, wenn man ihn zusammen mit einem kleinen Apfel in einer Dose lagerte.

• Altbackene Kekse wurden wieder knusprig und frisch, wenn man sie kurz in Milch tauchte und sie dann ca. 10 Minuten im Backofen aufbuk.

• Walnüsse wurden wieder frisch, wenn man sie 2 Tage lang in frisches Wasser legte.

Lesen Sie hierzu auch die Ratschläge für besondere Fälle, welche Sie hinter dem Rezeptteil finden.

Zur Verzierung von Kuchen und Torten verwendete man unter anderem Zuckerguss, Cremes, Schlagsahne, Gelee, Marmelade, Streuzucker, Krokant, Mandeln, Nüsse und Rosinen

Rührteig

Möhrentorte

Diese Möhrentorte wurde vor gut hundert Jahren in Leipzig von einer findigen Bäckerin „erfunden" – denn die vornehmen Cafés und Bäckereien standen in dieser Stadt in immerwährender Konkurrenz um ihren kreativen Ruf.

Zutaten für 12 Stücke:
6 Eier
250 g Zucker
250 g geriebene Möhren
250 g gemahlene Mandeln
2 El Weinbrand oder Rum
11/2 El Kartoffelstärke
1/2 Tl gemahlener Zimt
3 El Zitronensaft
Außerdem:
Fett für die Form
Paniermehl für die Form
Für die Glasur:
125 g Puderzucker
1 1/2 El Kakao
15 g Backfett (am besten Butter)

1 Den Backofen auf 180 °C vorheizen. Die Eier trennen. Das Eigelb mit dem Zucker schaumig schlagen. Das Eiweiß steif schlagen.

2 Nach und nach die Möhren und die Mandeln unter die schaumige Eigelbmasse rühren. Den Alkohol mit der Kartoffelstärke, dem Zimt und dem Zitronensaft dazugeben und unterrühren. Anschließend den steifen Eischnee vorsichtig unterheben.

3 Den Teig in eine gefettete und mit Paniermehl ausgestreute Springform (Ø 28 cm) füllen.

4 Im Backofen bei 180 °C (Gasherd Stufe 2) etwa 40 Minuten backen lassen.

5 Für die Glasur den Puderzucker mit dem Kakao und 1 1/2 El heißem Wasser glatt rühren. Wenn die Masse dickflüssig ist, das zerlassene Backfett darunter schlagen.

6 Die ausgekühlte Torte mit der Glasur überziehen.

Zubereitungszeit 30 Minuten (plus Backzeit)
Pro Stück ca. 196 kcal/822 kJ
4 g E · 6 g F · 31 g KH

SCHILLER

Süßer Rehrücken

Der „Süße Rehrücken" ist in Ostdeutschland so beliebt, dass es dafür sogar eine spezielle Kastenform mit Querrippen gibt. Wenn man den Kuchen aus dieser Form stürzt, erhält er mit den eingesteckten Mandelstiften die Form eines gespickten Rehrückens.

Zutaten für 18 Stücke:
125 g Zwieback
100 g Backfett (am besten Butter)
150 g Zucker
4 Eier
100 g gemahlene Mandeln
2 El Mehl
1 Tl Backpulver
Außerdem:
Butter zum Einfetten der Backform
Mehl zum Ausstäuben der Backform
Zum Garnieren:
100 g Zartbitter-Schokolade
25 g Kokosfett
50 g Mandelstifte zum Garnieren

1 Den Zwieback fein reiben. Das Backfett mit dem Zucker schaumig rühren.

2 Die Eier nacheinander darunter rühren, so lange bis der Zucker aufgelöst ist.

3 Die Mandeln mit dem Zwieback, Mehl und Backpulver vermischen und nach und nach unter die cremige Masse rühren.

4 Den Teig in eine gefettete und mit Mehl ausgemehlte Rehrückenform geben.

5 Im Backofen bei 180 °C (Gasherd Stufe 2) etwa 35 Minuten backen lassen.

6 Rehrücken in der Form etwas auskühlen lassen, anschließend stürzen und auskühlen lassen.

7 Für die Glasur die Schokolade zerkleinern und mit dem Kokosfett im warmen Wasserbad auflösen. Den Kuchen damit bestreichen.

8 Die Mandelstifte in gleichmäßigen Abständen in den Rehrücken stecken, so dass er in 18 Stücke geschnitten werden kann.

Zubereitungszeit 35 Minuten (plus Backzeit)
Pro Stück ca. 213 kcal/893 kJ
5 g E · 14 g F · 17 g KH

Berliner Königskuchen

Zutaten für 15 Stücke:
250 g Backfett (am besten Butter)
200 g Zucker
1 P. Vanillezucker
Abgeriebene Schale von
1/2 unbehandelten Zitrone
1 Prise Salz
4 Eier
1/2 P. Backpulver
500 g Mehl
125 ml Milch
4 El Weinbrand oder Rum
125 g Korinthen
125 g Rosinen,
50 g Zitronat
Außerdem:
Fett und Paniermehl für die Form
Puderzucker zum Bestreuen

1 Das Backfett in einer Schüssel schaumig rühren, den Zucker mit Vanillezucker, Zitronenschale und Salz hinzufügen und alles zusammen cremig schlagen.

2 Die Eier nacheinander unter die cremige Masse rühren. Das mit Backpulver vermischte Mehl darunter heben. Anschließend die Milch mit dem Alkohol unterrühren, so dass der Teig schwer reißend vom Löffel fällt.

3 Die Korinthen, Rosinen und das Zitronat unter den Teig heben.

4 Eine Kastenform einfetten und mit Paniermehl ausstreuen. Den Teig hineinfüllen und die Oberfläche etwas glatt streichen.

5 Den Kuchen bei 180 °C (Gasherd Stufe 2) etwa 35–45 Minuten backen lassen. Mit einem Stäbchen eine Garprobe machen.

6 Den garen Kuchen herausnehmen, etwas abkühlen lassen und auf ein Kuchengitter stürzen. Den kalten Kuchen mit Puderzucker bestreuen.

Zubereitungszeit 20 Minuten (plus Backzeit)
Pro Stück ca. 384 kcal/1613 kJ
6 g E · 16 g F · 51 g KH

Baumkuchenstreifen

Der „richtige" Baumkuchen wird auf einer rotierenden Achse in einem Großbackofen in Schichten gebacken und dann in Scheiben geschnitten. Dieses Rezept zeigt, wie man auch im Privathaushalt Baumkuchen backen kann.

Zutaten für 20 Stücke:
250 g Backfett (am besten Butter)
200 g Puderzucker
10 Eier
Abgeriebene Schale von
1 unbehandelten Zitrone
2 El Weinbrand oder Rum
100 g Mehl
100 g Speisestärke
1 Prise Salz
Außerdem:
Fett für das Backblech
350 g Aprikosenkonfitüre
Pergamentpapier
Für die Glasur:
300 g halbbittere Schokolade
75 g Palmin

1 Das Backfett mit 100 g Puderzucker dickschaumig rühren. Die Eier trennen, das Eigelb nach und nach unterrühren. Die Zitronenschale mit dem Alkohol dazugeben. Mehl und Speisestärke vermischen. Das Eiweiß mit Salz und dem restlichen Puderzucker zu steifem Schnee schlagen. Etwa 1/3 des Eischnees unter die Eigelbmasse rühren, anschließend das Mehlgemisch unterrühren. Den restlichen Eischnee darunter heben.

2 Den Backofen auf 225 °C vorheizen. Teigmasse gleichmäßig auf 2 gefettete Backbleche verteilen und glatt streichen. Im vorgeheizten Backofen bei 225 °C (Gasherd Stufe 4) etwa 8 Minuten backen lassen.

3 Die fertig gebackenen Teigplatten stürzen und auskühlen lassen, anschließend von der Längsseite her in 4 Streifen schneiden. 7 Kuchenstreifen mit etwas Aprikosenkonfitüre dünn bestreichen und aufeinander setzen. Den letzten unbestrichenen Streifen auf die oberste Schicht legen.

4 Alles mit Pergamentpapier bedecken, mit einem Holzbrett beschweren und mehrere Stunden stehen lassen.

5 Anschließend die Kuchenränder glatt schneiden und den Kuchen mit der restlichen Aprikosenkonfitüre rundherum bestreichen.

6 Die zerkleinerte Schokolade mit dem Palmin im heißen Wasserbad auflösen, etwas abkühlen lassen und den Kuchen damit rundherum bestreichen.

Zubereitungszeit 40 Minuten
(plus Ruhe- und Backzeit)
Pro Stück ca. 344 kcal/1444 kJ
6 g E · 16 g F · 43 g KH

Meißner Quarktorte

Quark mit Zucker, Sahne, Rosinen, Rum und Mandeln – das ist genau das Richtige für die sächsischen Süßmäuler.

Zutaten für 12 Stücke:
1 kg Quark
175 g Backfett (am besten Butter)
300 g Zucker
6 Eier
1 Tl abgeriebene Zitronenschale
3 El Zitronensaft
100 g Grieß
1 P. Backpulver
1 El Mehl
1 Prise Salz
Außerdem:
Fett für die Form
50 g Backfett (am besten Butter) zum Bestreichen
150 g Puderzucker zum Bestäuben

1 Den Quark in einem Sieb abtropfen lassen. Den Backofen auf 180 °C vorheizen.

2 Für den Teig das Backfett mit dem Zucker weißschaumig rühren. Die Eier trennen, das Eiweiß beiseite stellen. Das Eigelb mit der Zitronenschale und dem Zitronensaft nach und nach unter die Schaummasse schlagen.

3 Den abgetropften Quark mit dem Grieß und dem mit Backpulver vermischten Mehl verrühren. Quarkmasse zur Schaummasse dazugeben und damit verrühren.

4 Das Eiweiß mit dem Salz zu steifem Eischnee schlagen, zum Teig dazugeben und ebenfalls unterheben.

5 Die Masse in eine gefettete Springform (Ø 28 cm) füllen und etwas glatt streichen.

6 Die Quarktorte im vorgeheizten Backofen bei 180 °C (Gasherd Stufe 2) etwa 45–60 Minuten backen lassen.

7 Die gare Quarktorte aus dem Backofen nehmen, den Rand vorsichtig mit einem Messer lösen. Den Kuchen noch warm mit dem zerlassenen Backfett bestreichen. Den noch lauwarmen Kuchen mit Puderzucker bestäuben und vollständig erkalten lassen.

Zubereitungszeit 20 Minuten (plus Backzeit)
Pro Stück ca. 350 kcal/1470 kJ
16 g E · 16 g F · 35 g KH

Residenzkuchen

Zutaten für 12 Stücke:
250 g Backfett (am besten Butter)
6 Eier
200 g Zucker
1 Prise Salz
1 P. Backpulver
50 g Speisestärke
200 g Mehl
3 El Weinbrand oder Rum
Außerdem:
Fett für die Form
Für die Glasur:
250 g Puderzucker
2 El Zitronensaft
100 g kandierte Früchte

1 Das Fett in einem Topf zerlassen und wieder abkühlen lassen. Die Eier trennen.

2 Das Eigelb mit Zucker, Salz und dem abgekühlten Fett in einer Schüssel schaumig schlagen. Das mit Backpulver und Speisestärke vermischte Mehl unter die Eimasse rühren.

3 Das Eiweiß steif schlagen und mit dem Alkohol unter den Teig heben. Eine Springform (Ø 28 cm) einfetten, den Teig einfüllen und etwas glatt streichen.

4 Den Kuchen im Backofen bei 180 °C (Gasherd Stufe 2) etwa 1 Stunde backen.

5 Kuchen auf ein Kuchengitter stürzen und abkühlen lassen.

6 Für die Glasur den Puderzucker mit dem Zitronensaft glatt rühren, den Kuchen damit überziehen und mit den kandierten Früchten verzieren.

Zubereitungszeit 25 Minuten
(plus Backzeit)
Pro Stück ca. 358 kcal/1502 kJ
6 g E · 20 g F · 38 g KH

Krokantkranz

Üblicherweise wurde zu DDR-Zeiten der Krokantkranz (Frankfurter Kranz) aus Backpulverteig hergestellt – aufwändiger war es allerdings, den Kranz aus Sandteig zu backen.

Zutaten für 18 Stücke:
375 g Mehl
3/4 P. Backpulver
1 Prise Salz
115 g Backfett (am besten Butter)
115 g Zucker
2 Eier
9 El Milch
Außerdem:
Fett für die Form
Paniermehl für die Form
Für die Füllung:
3/4 P. Vanille-Puddingpulver
1/4 l Milch
75 g Zucker
30 g Backfett (am besten Butter)
1 Prise Salz
1 Ei
200 g Krokant

1 Das Mehl mit dem Backpulver und dem Salz vermischen. Das Backfett mit dem Zucker weißschaumig rühren, die Eier nach und nach darunter rühren. Die Mehlmischung hinzufügen und mit der Milch unter den Teig rühren, bis der Teig schwer reißend vom Löffel fällt.

2 Den Teig in eine gefettete und mit Paniermehl ausgestreute Kranzform geben und etwas glatt streichen.

3 Im Backofen bei 180 °C (Gasherd Stufe 2) etwa 45 Minuten backen lassen. Den Kuchen stürzen, auskühlen lassen und anschließend zweimal waagerecht durchschneiden.

4 Für die Füllung das Puddingpulver mit 3 El Milch anrühren. Die restliche Milch mit Zucker, Backfett und Salz aufkochen. Topf vom Herd nehmen und das Puddingpulvergemisch darunter rühren. Unter Rühren aufkochen lassen.

5 Das Ei trennen, das Eigelb mit etwas von der heißen Puddingmasse verrühren und unter den restlichen Pudding rühren. Eiweiß steif schlagen und unter die heiße Creme ziehen, Creme etwas abkühlen lassen.

6 Den unteren Kuchenring mit 1/3 der warmen Creme bestreichen, den mittleren Kuchenring darauf setzen und mit dem zweiten Drittel Creme bestreichen. Den letzten Ring darauf legen und andrücken.

7 Den Kuchen rundherum mit der restlichen Vanillecreme bestreichen. Mit dem Krokant bestreuen und etwas durchziehen lassen.

Zubereitungszeit 40 Minuten
(plus Backzeit)
Pro Stück ca. 261 kcal/1097 kJ
5 g E · 10 g F · 38 g KH

Zitronenkuchen

Zutaten für 16 Stücke:
250 g Backfett (am besten Butter)
250 g Zucker
4 Eier
Abgeriebene Schale von
1 unbehandelten Zitrone
250 g Mehl
2 Tl Backpulver
Außerdem:
Fett für die Form
Mehl für die Form
Für die Glasur:
150 g Puderzucker
2–3 El Zitronensaft

1 Für den Teig das Backfett mit dem Zucker weißschaumig rühren, nach und nach die Eier mit der Zitronenschale darunter schlagen. Das Mehl mit dem Backpulver vermischen und nach und nach unter den Teig rühren.

2 Eine Kastenform einfetten und mit Mehl ausstreuen.

3 Den Teig in die vorbereitete Kastenform füllen und die Oberfläche etwas glatt streichen.

4 Den Kuchen auf der untersten Schiene bei 175 °C (Gasherd Stufe 2) etwa 60 Minuten backen lassen. Mit einem Holzstäbchen die Garprobe machen.

5 Den garen Kuchen aus der Form stürzen und abkühlen lassen.

6 Für die Glasur den Puderzucker mit dem Zitronensaft glatt verrühren und über den abgekühlten Kuchen verteilen.

Anmerkung
Es empfiehlt sich, kurz vor Ende der Backzeit eine Garprobe zu machen. Dazu sticht man mit einem Holzstäbchen in die Mitte des Kuchens – klebt roher Teig am Stäbchen, benötigt er noch weitere Backzeit. Bleibt das Stäbchen beim Herausziehen glatt, so ist der Kuchen fertig.

Zubereitungszeit 20 Minuten
(plus Backzeit)
Pro Stück ca. 788 kcal/3310 kJ
4 g E · 15 g F · 37 g KH

Pflaumenkuchen

Zutaten für 12 Stücke:
700 g Pflaumen
125 g Backfett (am besten Butter)
75 g Zucker
1 P. Vanillinzucker
2 Eier
175 g Mehl
1 Tl Backpulver
100 g gemahlene Walnüsse
Außerdem:
Fett für die Form
30 g Hagelzucker

1 Die Pflaumen putzen, waschen und abtropfen lassen, anschließend halbieren und entsteinen.

2 Das Fett mit dem Zucker und dem Vanillinzucker in einer Schüssel schaumig rühren, die Eier nach und nach unterrühren.

3 Das Mehl mit dem Backpulver und den Walnüssen vermischen und nach und nach unter die Schaummasse rühren.

4 Den Teig auf dem Boden einer gefetteten Springform (Ø 24 cm) verteilen. Die Pflaumen mit der Schnittfläche nach oben auf den Teig setzen.

5 Den Kuchen im Backofen bei 180 °C (Gasherd Stufe 2) etwa 50 Minuten backen lassen.

6 Den garen Kuchen herausnehmen, mit dem Hagelzucker bestreuen und in der Form auskühlen lassen.

Zubereitungszeit 30 Minuten (plus Backzeit)
Pro Stück ca. 236 kcal/990 kJ
4 g E · 15 g F · 20 g KH

Brottorte

Die Brottorte war früher genauso wie die Kartoffeltorte ein Arme-Leute-Kuchen, der heute raffiniert und genussvoll zubereitet werden kann.

Zutaten für 12 Stücke:
6 Eier
125 g Zucker
125 g gemahlene Mandeln
Abgeriebene Schale von
1/2 unbehandelten Zitrone
25 g geriebene Schokolade
1/2 El Zimtpulver
65 g geriebenes Schwarzbrot
Außerdem:
Fett für die Form
Puderzucker zum Bestäuben

1 Den Backofen auf 180 °C vorheizen. Die Eier trennen, das Eigelb mit dem Zucker schaumig schlagen. Die Mandeln dazufügen und so lange rühren, bis eine cremige Masse entsteht.

2 Die Schokolade klein hacken, mit der Zitronenschale und dem Zimt zur Eimasse geben und unterrühren. Das Schwarzbrot fein reiben, ebenfalls dazugeben und unterrühren.

3 Das Eiweiß zu steifem Eischnee schlagen und vorsichtig unter die Teigmasse heben.

4 Den Boden einer Springform (Ø 26 cm) einfetten und den Teig hineinfüllen.

5 Den Kuchen im vorgeheizten Backofen bei 180 °C (Gasherd Stufe 2) 60 Minuten backen lassen.

6 Brottorte aus der Form lösen und auskühlen lassen. Vor dem Servieren mit Puderzucker bestäuben.

Zubereitungszeit 20 Minuten
(plus Backzeit)
Pro Stück ca. 200 kcal/840 kJ
7 g E · 11 g F · 19 g KH

Marzipankuchen

Zutaten für 16 Stücke:
Für das Marzipan:
200 g ganze Mandeln
12 bittere Mandeln
250 g Puderzucker
2 El Weinbrand oder Rosenwasser
Konfitüre
Für den Teig:
115 g Backfett (am besten Butter)
115 g Zucker
2 Eier
Abgeriebene Schale von
1 unbehandelten Zitrone
375 g Mehl
1/2 P. Backpulver
1 Prise Salz
9 El Milch
Außerdem:
Fett für die Form
Paniermehl für die Form
Für die Glasur:
100 g Puderzucker

1 Die Mandeln etwa 1 Minute mit kochendem Wasser überbrühen, anschließend häuten und abtrocknen. Mandeln mit der Maschine fein mahlen, mit dem Puderzucker vermengen und noch einmal mahlen. Den Weinbrand oder das Rosenwasser hinzugeben und gründlich unterkneten.

2 Die Masse rechteckig ausrollen, mit etwas Konfitüre bestreichen und zusammen rollen.

3 Für den Teig das Backfett weißschaumig rühren, nach und nach den Zucker, die Eier und die Zitronenschale darunter rühren. Das Mehl mit dem Backpulver und dem Salz vermischen und mit der Milch nach und nach unter den Teig rühren.

4 Gut die Hälfte des Rührteigs in eine gefettete und mit Paniermehl ausgestreute Kastenform füllen. Die Marzipanrolle bis auf einen Rest zum Garnieren vorsichtig auf die Teigschicht legen und den restlichen Teig darüber verteilen.

5 Den Kuchen im Backofen bei 180 °C (Gasherd Stufe 2) etwa 50 Minuten backen lassen. Den Kuchen stürzen und auskühlen lassen.

6 Für die Glasur den Puderzucker mit etwas Wasser dickflüssig verrühren und den Kuchen damit begießen. Die restliche Marzipanrolle in ca. 0,5 cm dicke Scheiben scheiden und den Kuchen damit garnieren.

Zubereitungszeit 40 Minuten (plus Backzeit)
Pro Stück ca. 368 kcal/1546 kJ
6 g E · 21 g F · 38 g KH

Mürbeteig

Altberliner Apfelkuchen

Zutaten für 12 Stücke:
200 g Zucker
200 g Backfett (am besten Butter)
3 Eier
300 g Weizenmehl
Abgeriebene Schale einer
1/2 unbehandelten Zitrone
1 kg Äpfel
2 El Zitronensaft
50 g Rosinen
2 El Rum
Außerdem:
Puderzucker zum Bestäuben
Mehl zum Ausrollen
Fett für die Form

1 100 g Zucker mit dem Backfett schaumig rühren, 2 Eier darunter rühren. Nach und nach das Mehl mit der Zitronenschale unterkneten.

2 Den Teig zu einer Kugel formen und in Folie eingewickelt 30 Minuten kalt stellen.

3 Die Äpfel schälen, vierteln, entkernen und in Spalten schneiden, mit dem Zitronensaft beträufeln.

4 Die Rosinen in dem Alkohol einweichen.

5 2/3 des Teiges auf einer bemehlten Arbeitsfläche dünn ausrollen und in eine gefettete Springform (Ø 26 cm) legen. Den Rand etwas hoch drücken.

6 Die Apfelspalten überlappend auf dem Teigboden verteilen, die Rosinen mit dem restlichen Zucker darüber verteilen.

7 Den Teigrest ausrollen und daraus etwa 1 cm breite Streifen schneiden. Streifen gitterförmig auf die Apfelschicht legen.

8 Das restliche Ei trennen, das Eigelb verquirlen und das Teiggitter damit bestreichen.

9 Den Kuchen im vorgeheizten Backofen bei 200 °C (Gasherd Stufe 3) etwa 45 Minuten backen. Den abgekühlten Kuchen vor dem Servieren mit Puderzucker bestreuen.

Zubereitungszeit 35 Minuten
(plus Back- und Kühlzeit)
Pro Stück ca. 360 kcal/1512 kJ
5 g E · 16 g F · 47 g KH

Sächsischer Osterkuchen

Zutaten für 12 Stücke:
200 g Mehl
125 g Backfett (am besten Butter)
1 P. Vanillinzucker
75 g Zucker
1 Prise Salz
1 Ei
Für die Quarkmasse:
500 g Magerquark
4 Eigelb
100 g Zucker
2 El Weinbrand oder Rum
1 kleine Prise Safranpulver
50 g gemahlene Mandeln
80 g Korinthen
Abgeriebene Schale von
1 unbehandelten Zitrone
50 g zerlassenes Backfett
(am besten Butter)
1/8 l Schlagsahne
Außerdem:
Mehl zum Ausrollen, 1 Eigelb
Puderzucker zum Bestreuen

1 Für den Teig das Mehl mit dem Backfett, Vanillinzucker, Zucker, Salz und Ei zu einem Teig verkneten. Den Teig abgedeckt 30 Minuten ruhen lassen.

2 Inzwischen für die Füllung den Quark in einem Sieb abtropfen lassen. Das Eigelb mit Zucker, Alkohol und Safran dickcremig aufschlagen, bis sich der Zucker vollständig aufgelöst hat. Nacheinander die Mandeln, die Korinthen, die Zitronenschale, das zerlassene Backfett und die Sahne hinzugeben und unterrühren. Den Quark ebenfalls unterrühren.

3 2/3 des Mürbeteiges auf einer bemehlten Arbeitsfläche ausrollen und den Boden einer gefetteten Springform (Ø 26 cm) damit belegen. Aus dem restlichen Teigdrittel einen Rand formen. Die Quarkmasse in der Springform verteilen und leicht glatt streichen. Den Kuchen im Backofen bei 175 ° C (Gasherd Stufe 2) etwa 50 Minuten backen lassen.

4 Das Eigelb mit etwas Wasser verrühren und die Oberfläche des Kuchens damit gleichmäßig beträufeln. Den Kuchen 10–15 Minuten weiter backen lassen.

5 Den Kuchen herausnehmen und in der Form auf einem Kuchengitter 20 Minuten ruhen lassen. Anschließend mit einem spitzen Messer den Teigrand lösen und den Kuchen aus der Form lösen.

6 Den Kuchen mit Puderzucker bestäuben und noch lauwarm servieren.

Zubereitungszeit 25 Minuten
(plus Ruhe- und Backzeit)
Pro Stück ca. 359 kcal/1508 kJ
11 g E · 18 g F · 38 g KH

Zwetschgentorte

Zutaten für 12 Stücke:
200 g Mehl
1 Prise Salz
1 El Zucker
100 g Backfett (am besten Butter)
Für den Belag:
50 g Backfett (am besten Butter)
2 Eier
75 g Zucker
150 g gemahlene Mandeln oder Nüsse
Abgeriebene Schale von 1 Zitrone
1 El Zwetschgenwasser
500 g Zwetschgen
2 El Zucker zum Bestreuen
Außerdem:
Mehl zum Ausrollen
Fett für die Form

1 Mehl mit Salz und 1 El Zucker auf eine Arbeitsfläche geben, das Backfett in Stückchen darauf verteilen. Alles mit einem Messer gut durchhacken und zu einem glatten Teig verkneten, dabei 5 El Eiswasser nach und nach unterkneten.

2 Den Teig zu einer Kugel formen, in Folie einpacken und 30 Minuten kalt stellen.

3 Für den Belag das Backfett schmelzen und wieder leicht abkühlen lassen. Die Eier mit 75 g Zucker schaumig rühren, das Fett darunter rühren. Die Mandeln oder Nüsse mit der Zitronenschale darunter heben, das Zwetschgenwasser darunter rühren.

4 Den Backofen auf 200 °C vorheizen. 2/3 des Teiges auf einer bemehlten Arbeitsfläche ausrollen und in eine gefettete Springform (26 cm Ø) legen. Restlichen Teig zu einer Rolle formen, daraus einen Teigrand formen und andrücken. Den Teigboden mit einer Gabel mehrfach einstechen.

5 Die Mandel- oder Nussmasse gleichmäßig auf dem Teigboden verteilen. Die Zwetschgen putzen, waschen und abtrocknen, anschließend halbieren und entsteinen. Zwetschgen mit der Hautseite nach oben in die Mandel- oder Nussmasse drücken und mit dem restlichen Zucker bestreuen.

6 Den Kuchen im vorgeheizten Backofen auf der mittleren Einschubleiste bei 200 ° C (Gasherd Stufe 3) etwa 30 Minuten backen lassen.

Zubereitungszeit 40 Minuten (plus Backzeit)
Pro Stück ca. 218 kcal/917 kJ
6 g E · 12 g F · 23 g KH

Quarkkuchen

Ein etwas aufwändiges Kuchenrezept – aber der Erfolg krönt den Aufwand!

Zutaten für 24 Stücke:

Für den Teig:
350 g Mehl
200 g Backfett (am besten Butter)
50 g Marzipan
100 g Zucker
1 Prise Salz
1 Ei
1 Tl abgeriebene Schale von 1 unbehandelten Zitrone

Für den Belag:
1,5 kg Magerquark
250 g Aprikosenkonfitüre
4 Zwiebäcke
6 Eier
Saft und abgeriebene Schale von 2 unbehandelten Zitronen
1 Prise Salz
200 g Puderzucker
100 g Backfett (am besten Butter)

Außerdem:
Mehl zum Bearbeiten des Teiges
Fett für das Backblech

1 Mehl, Backfett und gewürfeltes Marzipan, Zucker, Salz, Ei und Zitronenschale schnell zu einem Mürbeteig verkneten. Teig mindestens 4 Stunden kalt stellen.

2 Inzwischen den Quark in einem Sieb abtropfen lassen. Teig auf einer bemehlten Arbeitsfläche ausrollen und in eine gefettete Fettpfanne legen, den Rand hoch ziehen. Teigplatte mit einer Gabel einstechen. Aprikosenkonfitüre auf dem Teig verstreichen, Zwiebäcke reiben und darüber streuen.

3 Backofen auf 175 °C vorheizen. Die Eier trennen. Den abgetropften Quark mit Zitronensaft und Schale, Salz, 100 g Puderzucker, Eigelb und zerlassenem Fett verrühren.

4 Eiweiß mit restlichem Puderzucker zu Eischnee schlagen, unter die Quarkmasse heben und auf den Teig verteilen.

5 Im vorgeheizten Backofen auf der untersten Schiene bei 175 °C (Gasherd Stufe 2) etwa 50 Minuten backen. Quarkkuchen abkühlen lassen und frühestens nach 1 Stunde in Stücke schneiden.

Anmerkung:

Dieser Kuchen schmeckt auch sehr gut mit in Rum eingelegten Rosinen. 200 g Rumrosinen hierfür in die Quarkmischung geben.

Zubereitungszeit 40 Minuten
(plus Kühl- und Backzeit)
Pro Stück ca. 322 kcal/1352 kJ
13 g E · 14 g F · 35 g KH

Vogtländische Kürbistorte

Während im Westen der Kürbis zunächst außer Mode gekommen war, hat er seine Existenz in den ostdeutschen Datschen unvermindert fortgesetzt.

Zutaten für 12 Stücke:
200 g Mehl
100 g Backfett (am besten Butterschmalz)
2 El Zucker
1 Prise Salz
Außerdem:
Fett für die Form
Für den Belag:
500 g Kürbisfleisch
1 Prise Salz
ca. 1/2 Tl Essig
50 g Backfett (am besten Butter)
100 g Zucker
2 Eier
1 Prise Zimtpulver
1 Prise Ingwerpulver
5 El Speisestärke

1 Für den Teig das Mehl mit dem zerlassenem Backfett zu feinen Streuseln reiben. Anschließend mit Zucker, Salz und 3 El kaltem Wasser schnell zu einem Teig verkneten. Den Teig zu einer Kugel formen und 30 Minuten kalt stellen.

2 Anschließend 2/3 des Teiges auf einer bemehlten Arbeitsfläche ausrollen und in eine gefettete Springform (28 cm Ø) legen. Aus dem restlichen Teig einen etwa 3 cm hohen Rand formen. Form zugedeckt 1 Stunde kalt stellen.

3 Für den Belag das Kürbisfleisch klein würfeln und in etwas Wasser mit Salz und Essig 15 Minuten dünsten. Herausnehmen, abtropfen lassen und die Kürbiswürfel pürieren.

4 Den Backofen auf 200 °C vorheizen. Das Fett mit dem Zucker schaumig rühren. Die Eier trennen, Eigelb unter die schaumige Butter rühren. Zimt, Ingwer und Speisestärke hinzufügen und unterrühren. Das Kürbispüree hinzugeben und ebenfalls unterrühren.

5 Den Teigboden im vorgeheizten Backofen bei 200 °C (Gasherd Stufe 3) etwa 15 Minuten vorbacken.

6 Inzwischen das Eiweiß zu steifem Schnee schlagen und unter die Kürbismasse heben. Alles auf dem Teigboden gleichmäßig verteilen und den Kuchen etwa 25 Minuten weiter backen. Den Kuchen heiß servieren.

Zubereitungszeit 20 Minuten
(plus Ruhe- und Backzeit)
Pro Stück ca. 227 kcal/951 kJ
4 g E · 13 g F · 24 g KH

Quittentorte

Zutaten für 12 Stücke:
250 g Mehl
200 g Backfett (am besten Butter)
2 El Zucker
1 Tl abgeriebene Schale von 1 unbehandelten Zitrone
1 Ei
1 Prise Salz
Außerdem:
Fett für die Form
Für den Belag:
1 kg Quitten
250 g Zucker
50 g Zitronat
abgeriebene Schale von
1 unbehandelten Zitrone
Für die Glasur:
4 Eier
2 Eigelb
100 g Zucker
2 El gemahlene Mandeln
2 El Zitronensaft
Zum Bestreuen:
2 El Paniermehl
1 Tl Zimtpulver
2 El Zucker
80 g Backfett (am besten Butter)

1 Für den Teig Mehl mit Backfett, Zucker, Zitronenschale, Ei und Salz zu einem glatten Teig verkneten. Teig 30 Minuten kalt stellen.

2 Für den Belag die Quitten mit einem Tuch abreiben, anschließend schälen, vierteln und entkernen. Quittenstücke in 3/4 l Wasser 20 Minuten kochen. Herausnehmen, abtropfen lassen, den Saft auffangen und Quittenstücke in kleine Stücke schneiden.

3 1/4 des Kochsuds mit dem Zucker aufkochen, Quittenwürfel mit Zitronat und Zitronenschale dazufügen und alles zu einer geleeartigen Masse einkochen.

4 2/3 des Teiges auf einer bemehlten Arbeitsfläche ausrollen, den Boden einer gefetteten Springform (Ø 28 cm) damit bedecken und mehrfach mit einer Gabel einstechen. Aus dem restlichen Teig einen Rand formen. Quittenmasse bis auf einige Esslöffel auf dem Teig verteilen.

5 Für die Glasur Eier mit Eigelb und Zucker schaumig rühren. Mandeln mit Zitronensaft und restlichem Quittengelee unterziehen, alles auf die Quittenmasse streichen.

6 Im vorgeheizten Backofen bei 200 °C (Gasherd Stufe 3) 40 Minuten backen. Paniermehl mit Zimt, Zucker und zerlassenem Backfett vermischen, auf der Torte verteilen und 15 Minuten backen.

Zubereitungszeit 50 Minuten (plus Backzeit)
Pro Stück ca. 390 kcal/1638 kJ
7 g E · 19 g F · 47 g KH

Aprikosen-Käsekuchen

Zutaten für 24 Stücke:
500 g Mehl
1/2 P. Backpulver
225 g Zucker
3 Eier
Abgeriebene Schale von
1 unbehandelten Zitrone
5 El Milch
150 g Backfett (am besten Butter)
Für die Füllung:
100 g getrocknete Aprikosen
750 g Magerquark
1 P. Vanillesaucenpulver
Außerdem:
Mehl zum Ausrollen
Fett für das Blech
1 Eigelb zum Bestreichen

1 Mehl mit Backpulver, 75 g Zucker, 2 Eiern, Zitronenschale und Milch in eine Schüssel geben. 100 g Backfett in Flöckchen hinzufügen. Alle Zutaten zu einem glatten Teig kneten. Teig in Folie eingewickelt mindestens 30 Minuten kalt stellen.

2 2/3 des Teiges auf einer bemehlten Arbeitsfläche ausrollen und auf ein gefettetes Backblech legen, so dass etwas Rand übersteht. Den restlichen Teig zu einer Platte von 25 x 30 cm ausrollen.

3 Für die Füllung die Aprikosen mit kochendem Wasser überbrühen und 10 Minuten quellen lassen. Quark mit Vanillesaucenpulver, restlichem Ei, Zucker und Butter glatt verrühren. Masse auf dem Teig verteilen, dabei einen 6 cm breiten Rand lassen.

4 Backofen auf 200 °C vorheizen. Aprikosen abtropfen lassen, klein würfeln und auf die Quarkmasse verteilen.

5 Teigränder über die Füllung schlagen, Teigplatte auf die Füllung legen. Ränder gut andrücken und alles mit dem verquirlten Eigelb bestreichen. Teig mit einer Gabel mehrmals einstechen.

6 Im vorgeheizten Backofen bei 200 ° C (Gasherd Stufe 3) etwa 40 Minuten backen.

Zubereitungszeit 50 Minuten
(plus Kühl- und Backzeit)
Pro Stück ca. 190 kcal/798 kJ
8 g E · 4 g F · 30 g KH

Eierkränzchen

Bevor es Weihnachtsbäume gab, die auch in Mecklenburg erst Mitte des 19. Jahrhunderts in Mode kamen, bekamen die Kinder ihre Weihnachtsgabe in ihre Pudelmütze gelegt – Geschenke in unserem heutigen üppigen Sinne gab es nicht. Die Kinder legten dazu ihre Mütze auf die Fensterbank, und die Eltern füllten sie dann mit Gebäck, so auch mit Eierkränzchen.

Zutaten für 30 Stück:
250 g Backfett
(am besten Butter)
180 g Zucker
Abgeriebene Schale von 1 Zitrone
7 hart gekochte Eigelb
2 Eigelb
375 g Mehl
Außerdem:
Fett für das Backblech
Zum Verzieren:
4 Eiweiß
ca. 50 g Hagelzucker

1 Das Backfett schmelzen und mit dem Zucker und der Zitronenschale schaumig rühren. Das hart gekochte Eigelb durch ein Sieb drücken, mit dem frischen Eigelb zur Fettmasse dazugeben und damit verrühren.

2 Das Mehl dazugeben und zu einem Teig verkneten. Teig zugedeckt 60 Minuten ruhen lassen.

3 Den Backofen auf 225 °C vorheizen. Aus dem Teig fingerdicke Rollen formen. Teigrollen in 12 cm lange Stücke schneiden, zu Kränzen zusammensetzen und auf ein gefettetes Backblech legen.

4 Für die Verzierung das Eiweiß halbsteif schlagen.

5 Die Eierkränze damit bestreichen und mit Hagelzucker dick bestreuen.

6 Die Eierkränzchen im vorgeheizten Backofen bei 220 °C (Gasherd Stufe 3–4) 12–15 Minuten backen lassen.

Zubereitungszeit 30 Minuten
(plus Ruhe- und Backzeit)
Pro Stück ca. 157 kcal/657 kJ
3 g E · 9 g F · 15 g KH

Süße Brezeln

Zutaten für 35 Stück:
500 g Mehl
2 Tl Backpulver
80 g Zucker
2 P. Vanillinzucker
1 Prise Salz
1 Eigelb
100 g Schmand
250 g Butter
Mehl zum Ausrollen
Zum Bestreichen:
1 Eigelb
3 El Milch
Hagelzucker zum Bestreuen nach Belieben

1 Mehl mit Backpulver mischen, den Zucker mit dem Vanillinzucker, Salz, Eigelb und Schmand dazugeben. Die Butter in Flöckchen dazufügen. Alles zu einem glatten Teig verkneten, anschließend zugedeckt 1 Stunde kalt stellen. Backofen auf 200 °C vorheizen.

2 Aus dem Teig auf einer bemehlten Arbeitsfläche etwa 5 mm dicke und 30 cm lange Rollen formen. Daraus Brezeln formen und diese auf ein gefettetes Backblech legen.

3 Das Eigelb mit der Milch verquirlen, die Brezeln damit bestreichen und nach Belieben dick mit Hagelzucker bestreuen.

4 Die Brezeln im vorgeheizten Backofen bei 200 °C etwa 15 Minuten backen lassen. Anschließend auf einem Kuchengitter erkalten lassen.

Zubereitungszeit 30 Minuten
(plus Kühl- und Backzeit)
Pro Stück ca. 116 kcal/488 kJ
2 g E · 7 g F · 13 g KH

Leipziger Lerchen

In Sachsen war die Jagd auf Singvögel lange Zeit ein beliebter Sport, denn die kleinen Vögel galten als Delikatesse und wurden gebraten, gedämpft, als Suppeneinlage oder als Ragout verzehrt. Als Ende des 19. Jahrhunderts das Abschießen von Singvögeln verboten wurde, kam ein findiger Bäcker aus Leipzig auf die Idee, Lerchen in gebackener Form als kleine Küchlein anzubieten. Dieser Bäcker hat die Leipziger Lerchen berühmt gemacht.

Zutaten für 15 Stück:
325 g Mehl
250 g Backfett (am besten Butter)
4 Eier
75 g Zucker
1 Prise Salz
1 El Weinbrand
100 g Aprikosenkonfitüre
150 g Puderzucker
150 g gemahlene Mandeln oder Nüsse
1/2 Fläschchen Bittermandelöl
1 El Speisestärke
Außerdem:
Mehl zum Ausrollen
15 kleine Backförmchen (6 cm Durchmesser)
Fett für die Förmchen

1 250 g Mehl in eine Schüssel sieben, die Hälfte des Backfettes in Flöckchen darauf geben und darunter kneten. Die Eier trennen, 2 Eigelb mit Zucker, Salz und Weinbrand dazugeben und alles zusammen zu einem festen Teig verkneten. Den Teig in Folie eingewickelt 30 Minuten kalt stellen.

2 Die Aprikosenkonfitüre durch ein Sieb streichen.

3 Das restliche Backfett in einer Schüssel schaumig rühren, nach und nach Puderzucker, das restliche Eigelb, Mandeln oder Nüsse mit dem Bittermandelöl darunter rühren. Das restliche Mehl mit der Speisestärke vermischen und ebenfalls darunter rühren. Das Eiweiß steif schlagen, dazugeben und unterheben.

4 Den Backofen auf 175 °C vorheizen. Den Teig auf einer bemehlten Arbeitsfläche dünn ausrollen. 3/4 des Teiges in die gefetteten Förmchen geben. Den Teig andrücken, am Rand hochziehen und mit einer Gabel einstechen.

5 Die Aprikosenkonfitüre gleichmäßig auf den Teig streichen und die Mandelmasse darüber verteilen. Den restlichen Teig in schmale Streifen schneiden und gitterartig über die Mandelmasse legen.

6 Im vorgeheizten Backofen bei 175 ° C (Gasherd Stufe 2) etwa 20 Minuten backen lassen.

Zubereitungszeit 30 Minuten (plus Kühl- und Backzeit)
Pro Stück ca. 338 kcal/1420 kJ
6 g E · 21 g F · 30 g KH

Käsestreuselkuchen mit Apfel

Zutaten für 12 Stücke:
250 g Mehl
75 g Zucker
1 Prise Salz
100 g gehackte Haselnüsse
175 g Backfett (am besten Butter)
1 El Paniermehl
Für die Füllung:
500 g säuerliche Äpfel
2 El Zitronensaft
500 g Quark
5 Eier
200 g Zucker
1 P. Vanillinzucker
50 g Grieß
1 El Mehl
Puderzucker zum Bestäuben
Außerdem:
Mehl zum Ausrollen
Butter für die Form

1 Das Mehl mit 75 g Zucker, Salz, gehackten Nüssen und dem zerlassenem Backfett zu Streuseln verarbeiten.

2 2/3 der Streusel in eine gefettete Form (Ø 26 cm) geben, etwas andrücken und mit dem Paniermehl bestreuen.

3 Form 30 Minuten kalt stellen, restliche Streusel beiseite stellen.

4 In der Zwischenzeit die Äpfel schälen, vierteln und vom Kerngehäuse befreien, anschließend die Viertel in Spalten schneiden und mit dem Zitronensaft beträufeln.

5 Den Backofen auf 175 °C vorheizen. Für die Füllung den Quark abtropfen lassen. Die Eier mit dem Zucker und Vanillinzucker schaumig schlagen. Den abgetropften Quark mit dem Grieß und Mehl dazugeben und unterrühren.

6 Die abgetropften Apfelstücke auf dem kalten Streuselboden verteilen. Die Quarkmasse darüber verteilen und etwas glatt streichen. Die restlichen Streusel gleichmäßig darüber verteilen.

7 Den Kuchen im vorgeheizten Backofen bei 175 °C (Gas Stufe 2) etwa 11/4 Stunden backen lassen. Anschließend den Kuchen bei geöffneter Backofentür abkühlen lassen. Den ausgekühlten Kuchen mit Puderzucker bestäuben.

Anmerkungen

- *Den Kuchen nach dem Backen 1 Stunde bei geöffneter Ofentür abkühlen lassen, damit er nicht zusammen fällt.*
- *Zum Anschneiden den Kuchen am besten über Nacht stehen lassen, damit er richtig schnittfest wird.*
- *Heute nimmt man anstelle der einheitlichen Quarkmasse eine Mischung aus 750 g Magerquark und 250 g Mascarpone – das macht den Kuchen noch leckerer!*

Zubereitungszeit 45 Minuten
(plus Kühl- und Backzeit)
Pro Stück ca. 323 kcal/1357 kJ
12 g E · 9 g F · 48 g KH

Alexandertorte

Ein Rezept aus dem Baltikum, das auch Eingang in die ostdeutsche Kuchenbäckerei gefunden hat.

Zutaten für 18 Stücke:
250 g kaltes Backfett
(am besten Butter)
450 g Mehl
50 g Zucker
1 Ei
350 g Himbeerkonfitüre
Außerdem:
Mehl zum Bestäuben
Fett für das Blech
Für die Glasur:
250 g Puderzucker
2 Tl Zitronensaft

1 Das kalte Backfett mit dem Mehl und dem Zucker in eine große Schüssel geben und alles zusammen mit den Fingern verreiben, bis eine streuselartige Masse entsteht. Das Ei dazugeben und alles zu einem glatten Teig kneten. Teig in Folie gewickelt 1 Stunde in den Kühlschrank legen.

2 Die Himbeerkonfitüre durch ein feines Sieb streichen und unter Rühren etwa 3 Minuten köcheln lassen, bis sie streichfähig ist.

3 Den gekühlten Teig halbieren, jede Hälfte zu einem Rechteck ausrollen und auf je ein gefettetes Backblech geben. Im Backofen bei 125° C (Gasherd Stufe 1) je 40 Minuten backen lassen.

4 Anschließend das Himbeerpüree auf der noch warmen Teigplatte gleichmäßig verstreichen und die zweite Teigplatte darauf legen und andrücken.

5 Den Puderzucker mit Zitronensaft und etwa 4 El Wasser glatt verrühren. Die Glasur auf den noch leicht warmen Kuchen verstreichen.

Zubereitungszeit 30 Minuten
(plus Ruhe- und Backzeit)
Pro Stück ca. 267 kcal/1125 kJ
3 g E · 13 g F · 33 g KH

NSER GLAUBE IST
SIEG, DER DIE WELT
EBERWUNDEN HAT.

Eier-Plätzchen

Ein Plätzchenrezept aus der Mark Brandenburg.

Zutaten für 30 Stück:
4 hart gekochte Eier
50 g Zucker
1 Prise Salz
1 Msp. gemahlener Zimt
Abgeriebene Schale von
1 unbehandelten Zitrone
125 g Mehl
90 g Backfett (am besten Butter)
Außerdem:
Mehl zum Ausrollen
Fett für das Backblech
Für den Belag:
2 Eiweiß
25 g Zucker
50 g Haselnusskerne

1 Die Eier schälen, halbieren und das Eigelb herauslösen. Das Eigelb mit einer Gabel zerdrücken und mit Zucker, Salz, Zimt und Zitronenschale vermengen.

2 Das Mehl und das Backfett in Flöckchen hinzufügen, alles gut verkneten. Den Teig 30 Minuten kühl stellen.

3 Den Backofen auf 180 °C vorheizen. Den Teig auf einer bemehlten Arbeitsfläche 5mm dick ausrollen. Aus dem Teig kleine Kreise ausstechen und auf ein gefettetes Backblech legen.

4 Das Eiweiß steif schlagen und den Zucker unterrühren. Die Teigkreise mit der Eiweißmasse bestreichen.

5 Die Haselnüsse halbieren und je eine halbe Nuss in den Eiweißschaum stecken.

6 Die Eier-Plätzchen im vorgeheizten Backofen bei 180 °C etwa 20 Minuten backen lassen.

Zubereitungszeit 30 Minuten
(plus Ruhe- und Backzeit)
Pro Stück ca. 71 kcal/298 kJ
2 g E · 5 g F · 6 g KH

Hefeteig

Zuckerkuchen

Früher wurde Zuckerkuchen gerne auf großen Backblechen bereitet, die im Dorfbackhaus oder beim Dorfbäcker gebacken wurden. Sie kamen dann als fertige Kuchen in die Speisekammer, wo sich die Kinder die Woche über bedienen konnten, bis am Ende einer Woche wieder neuer Zuckerkuchen gebacken wurde.

Zutaten für 18 Stücke:
500 g Mehl
1 Würfel Hefe
60 g Zucker
1/4 l Milch
1 Prise Salz
1 Ei
Außerdem:
Fett für das Blech
Mehl zum Ausrollen
Für den Belag:
100 g Backfett (am besten Butter)
100 g Zucker
1/2 Tl gemahlener Zimt

1 Für den Teig das Mehl in eine Schüssel geben und in die Mitte eine Vertiefung drücken. Die Hefe mit 1 Tl Zucker und 50 ml lauwarmer Milch verrühren, in die Vertiefung geben und mit etwas Mehl dickbreiig verrühren. Zugedeckt etwa 15 Minuten gehen lassen.

2 Anschließend die restliche Milch mit dem restlichen Zucker, 1 Prise Salz und dem Ei dazugeben und alles zu einem geschmeidigen Hefeteig verkneten, bis er Blasen wirft. Teig zugedeckt 1 Stunde gehen lassen.

3 Den Hefeteig auf einer bemehlten Arbeitsfläche in Größe eines Backbleches ausrollen und auf das gefettete Backblech geben.

4 Den Backofen auf 225 °C vorheizen.

5 Für den Belag das Backfett zerlassen und auf dem Teig gleichmäßig verteilen. Teig zugedeckt 15 Minuten gehen lassen.

6 Den Zucker mit dem gemahlenen Zimt vermischen und den Teig damit gleichmäßig bestreuen.

7 Kuchen im vorgeheizten Backofen bei 225° C (Gasherd Stufe 3) etwa 15 bis 20 Minuten backen lassen.

Zubereitungszeit 15 Minuten
(plus Zeit zum Gehen und Backzeit)
Pro Stück ca. 197 kcal/830 kJ
5 g E · 6 g F · 31 g KH

Schittchen

Schittchen sind die Thüringer Variante des Stollens. Die Bezeichnung bezieht sich auf die Form dieses Kuchens, der kleinen Holzscheiten (thüringisch = Schittchen) ähnelt.

Zutaten für 25 Stücke:
750 g Rosinen
4 El Weinbrand oder Rum
1,5 kg Mehl
1 1/2 Würfel Hefe
1/2 l Milch
300 g Zucker
800 g Backfett (Butter, Margarine, Butterschmalz)
250 g Mandeln
Abgeriebene Schale von 1 unbehandelten Zitrone
1 Tl Salz
Außerdem:
Mehl zum Ausrollen
Fett für das Backblech
50 g Backfett (am besten Butter) zum Bestreichen
Puderzucker zum Bestreuen

1 Die Rosinen mit dem Alkohol vermischen. Das Mehl in eine Schüssel geben und in die Mitte eine Vertiefung drücken. Die Hefe mit 1/4 l lauwarmer Milch und 1 Tl Zucker verrühren, in die Vertiefung gießen und mit etwas Mehl dickbreiig rühren. Zugedeckt etwa 15 Minuten gehen lassen.

2 Anschließend den restlichen Zucker, 750 g weiches Backfett und Salz zu den Zutaten in die Schüssel geben und zu einem geschmeidigen Teig verkneten.

3 Die eingeweichten Rosinen mit den Mandeln und der Zitronenschale dazugeben. Alles gut verkneten und den Teig zugedeckt mindestens 30 Minuten gehen lassen.

4 Den Backofen auf 180 °C vorheizen. Den gegangenen Teig auf einer bemehlten Arbeitsfläche kräftig durchkneten und 2 Schittchen formen (entspricht etwa der Form eines kleinen Landbrotes, siehe Anmerkung).

5 Die Schittchen auf ein gefettetes Backblech legen und im vorgeheizten Backofen bei 180 °C (Gasherd Stufe 2-3) etwa 60 Minuten backen lassen.

6 Das restliche Backfett zerlassen und die noch heißen Schittchen damit bestreichen. Anschließend dick mit Puderzucker bestreuen.

Anmerkung:
Im alten Thüringen gab es eigentlich in jedem dörflichen Haushalt eine Kuchenmulde, in der der Schittchenteig formgebend bereitet wurde. Für Großfamilien waren die Schittchen dann so groß, dass sie im Dorfbackhaus gebacken werden mussten.

Zubereitungszeit 20 Minuten (plus Zeit zum Gehen und Backzeit)
Pro Stück ca. 652 kcal/2738 kJ
10 g E · 33 g F · 76 g KH

Dresdner Eierschecke

Zutaten für 12 Stücke:
250 g Mehl
75 g Zucker
1 Prise Salz
100 g Backfett (am besten Butter)
1/2 Würfel Hefe
1/8 l lauwarme Milch
Außerdem:
Fett für die Form
Für die Füllung:
50 g Backfett (am besten Butter)
100 g Zucker
1 Prise Salz, 2 Eier
500 g Quark
1/2 P. Vanillepuddingpulver
Abgeriebene Schale von 1/2 Zitrone
1 El gemahlene Mandeln
Für den Guss:
3 Eier, 50 g Zucker
25 g Backfett (am besten Butter)
1/2 El Speisestärke
1 1/2 El Weinbrand

1 Für den Teig Mehl mit Zucker, Salz und Backfett in eine Schüssel geben. Hefe in der lauwarmen Milch auflösen und nach und nach unter die Mehlmischung kneten. So lange kneten, bis der Teig Blasen wirft und sich vom Schüsselrand löst. Teig zugedeckt mindestens 1 Stunde gehen lassen.

2 Teig durchkneten und auf einer bemehlten Arbeitsfläche ausrollen. Teigplatte in eine gefettete Springform (28 cm Ø) legen und zugedeckt 15 Minuten gehen lassen.

3 Backofen auf 200 °C vorheizen. Inzwischen für die Füllung Backfett schaumig rühren, Zucker, 1 Prise Salz und Eier darunter schlagen. Quark mit Puddingpulver, Zitronenschale und Mandeln unterrühren, alles auf dem Teig verteilen.

4 Für den Guss Eier mit Zucker, Backfett, Speisestärke und Weinbrand verrühren und im heißen Wasserbad dickcremig schlagen. Einmal aufwallen lassen und auf der Quarkmasse verstreichen.

5 Eierschecke im vorgeheizten Backofen auf 200 °C (Gasherd Stufe 3) etwa 45 Minuten backen.

Zubereitungszeit 30 Minuten
(plus Zeit zum Gehen und Backzeit)
Pro Stück ca. 350 kcal/1470 kJ
12 g E · 16 g F · 40 g KH

Dresdner Christstollen

Stollen können gut verschlossen lange aufbewahrt werden. Üblicherweise schnitt man in sächsischen Großfamilien den letzten Stollen erst kurz vor Ostern an – man hatte gleich mehrere gebacken.

Zutaten für 15 Stücke:
175 g Rosinen
2 El Weinbrand oder Rum
450 g Mehl
1 Würfel Hefe
1/8 l Milch
85 g Zucker
125 g fein gehackte Mandeln
75 g Zitronat
75 g Orangeat
1 Prise Salz
200 g Backfett (am besten Butter)
40 g Butterschmalz
35 g Schweineschmalz
Außerdem:
Mehl zum Ausrollen
Fett für das Backblech
50 g Backfett (am besten Butter) zum Bestreichen
150 g Puderzucker zum Bestreuen

1 Rosinen in dem Alkohol über Nacht einweichen.

2 100 g Mehl in eine Schüssel geben, in die Mitte eine Vertiefung drücken. Hefe mit 50 ml lauwarmer Milch und 1 Tl Zucker verrühren, in die Vertiefung gießen und mit etwas Mehl dickbreiig verrühren. Zugedeckt 15 Minuten gehen lassen.

3 Anschließend Mandeln, restliche Milch, restlichen Zucker, restliches Mehl, Zitronat, Orangeat, Rosinen und Salz unterkneten. 150 g Backfett und Schmalz zerlassen, unter den Teig kneten und zugedeckt etwa 1 Stunde gehen lassen.

4 Teig kräftig durchkneten und zugedeckt wiederum 1 Stunde gehen lassen.

5 Anschließend auf einer bemehlten Arbeitsfläche zu einer Rolle formen, mit dem Nudelholz der Länge nach in der Mitte eindrücken, so dass 2 Wülste entstehen. Den einen Wulst bis zur Hälfte über den anderen schlagen, leicht andrücken.

6 Auf ein gefettetes Backblech legen und zugedeckt 30 Minuten gehen lassen. Den Backofen auf 200 °C vorheizen.

7 Im vorgeheizten Backofen bei 200 °C (Gasherd Stufe 3) etwa 1 Stunde backen.

8 Restliches Backfett zerlassen, Stollen noch warm mit der Hälfte des Fettes dick bestreichen und mit Puderzucker besieben. Restliche Butter darüber verteilen und restlichen Puderzucker darüber streuen. Stollen vor dem Anschneiden mindestens 1 Woche durchziehen lassen.

Zubereitungszeit 40 Minuten (plus Zeit zum Einweichen, Gehen und Backen)
Pro Stück ca. 438 kcal/1839 kJ
6 g E · 24 g F · 48 g KH

Stollen

Butterstollen

Zutaten für 18 Stücke:
1 kg Mehl
75 g Hefe
1/4 l Milch
400 g Butter
125 g Zucker
Salz
Zitronenschale
2 Prisen Zimt
1 Prise Nelken
1 Prise Ingwer

Rosinenstollen

Zutaten für 18 Stücke:
1 kg Mehl
65 g Hefe
3/8 l Milch
300 g Butter
125 g Zucker
Salz
Zitronenschale
750 g Rosinen
125 g Zitronat
30 g bittere Mandeln

Mandelstollen

Zutaten für 18 Stücke:
1 kg Mehl
65 g Hefe
3/8 l Milch
200 g Butter
150 g Zucker
Salz
Zitronenschale
250 g süße Mandeln
30 g bittere Mandeln
1 Prise Zimt

1 Am Tage vor dem Backen das Mehl in eine Schüssel sieben und warm stellen.

2 Am Backtag in die Mitte des Mehles eine Vertiefung machen, die Hefe mit 1 El Zucker in der warmen Milch verquirlen, in der Vertiefung mit etwas Mehl zu einem dicken Brei verrühren, mit Mehl zudecken und gehen lassen. Die weiche Butter verrühren, auf dem Mehlrand verteilen, ebenso den Zucker und alle Gewürze. Mit dem gut gegangenen Hefestück alle Zutaten sehr gründlich durcharbeiten und 30–60 Minuten, nicht zu warm gestellt, gehen lassen.

3 Wenn der Stollen aus dem Ofen kommt, sofort mit zerlassener Butter bestreichen und mit Zucker bestreuen.

4 Die Stollen lassen sich verschieden formen. Geschnittene und aufgeschlagene Stollen werden unterschieden. Für den geschnittenen Stollen ein langes Brot herstellen und in der Mitte mit scharfem Messer 1 cm tief längs einschneiden. Für den aufgeschlagenen Stollen ebenfalls ein Brot formen, dann aber mit einem Rollholz oder mit der Kante der Hand etwas seitlich eine lange, breite Rille eindrücken und die schmale Längsseite nach oben schlagen.

5 Den aufgearbeiteten Stollen nur kurze Zeit (15 Minuten) gehen lassen und bei Mittelhitze mindestens 60 Minuten backen.

6 Besonders dick wird die Zuckerkruste, wenn der Stollen mehrmals mit heißer Butter beträufelt und gezuckert wird.

7 Den ausgekühlten Stollen in weißes Papier oder ein Tuch einschlagen und kühl stellen. Er sollte mindestens 1 Woche liegen, bevor er angeschnitten wird.

Anmerkung:
Die Flüssigkeitsmenge muss der Quellfähigkeit des Mehles angepasst werden. Es ist möglich, dass noch etwas mehr Milch an den Teig gegeben werden muss als angeführt ist. Er darf aber nicht zu weich sein, sonst geraten die Stollen zu flach. Anstelle von Zimt, Nelken und Ingwer lässt sich Koriander, statt Butter auch Margarine oder Butterschmalz oder je zur Hälfte Talg und Öl verwenden. An Rosinenstollen werden entweder nur Sultaninen oder halb Sultaninen, halb Korinthen gegeben. Statt der Rosinen kann man kleinwürfelig geschnittenes Backobst in den Teig geben. Süße Mandeln können durch Nüsse und Kürbiskerne, bittere durch Obstkerne, Zitronat durch Kürbis ersetzt werden.

Zubereitungszeit 40 Minuten
(plus Geh- und Backzeit)
Pro Stück Butterstollen
ca. 402 kcal/1689 kJ
8 g E · 20 g F · 49 g KH
Pro Stück Rosinenstollen
ca. 507 kcal/2130 kJ
9 g E · 15 g F · 81 g KH
Pro Stück Mandelstollen
ca. 415 kcal/1745 kJ
10 g E · 19 g F · 50 g KH

Berliner Napfkuchen

Angeblich ist dieser gehaltvolle Napfkuchen in der Biedermeierzeit in Mode gekommen und seither von der Berliner Kaffeetafel nicht mehr wegzudenken.

Zutaten für 16 Stücke:
5 El Milch
30 g Hefe
200 g Zucker
200 g Backfett (am besten Butter)
6 Eier
500 g Weizenmehl
1 Tl abgeriebene Zitronenschale
1 El geriebene süße Mandeln
1 El geriebene bittere Mandeln
1 Prise Salz
1/8 l Rum
100 g Rosinen
100 g Korinthen
50 g Zitronat
Außerdem:
Fett für die Form
Puderzucker zum Bestreuen

1 Milch leicht erwärmen, Hefe mit 2 Tl Zucker darin verrühren und 15 Minuten gehen lassen.

2 In einer Schüssel das Backfett mit dem Zucker schaumig rühren, die Eier, die Hälfte des Mehls und die Hefemischung darunter rühren.

3 Die geriebene Zitronenschale mit den Mandeln, dem Salz und dem restlichen Mehl darunter kneten. Teig schlagen bis er Blasen wirft und sich vom Schüsselrand löst. Den Teig zugedeckt mindestens 30 Minuten gehen lassen, bis er sich verdoppelt hat.

4 Anschließend den Alkohol mit den Rosinen, Korinthen und dem Zitronat zum Teig geben und damit verkneten. Den Backofen auf 200 °C vorheizen.

5 Den Teig in eine gut gefettete Napfkuchenform geben und zugedeckt mindestens 30 Minuten gehen lassen, bis er um die Hälfte gegangen ist.

6 Den Napfkuchen im vorgeheizten Backofen bei 200° C (Gasofen Stufe 3) etwa 50–60 Minuten backen lassen.

7 Nach dem Backen den Kuchen erkalten lassen, aus der Form stürzen und mit Puderzucker bestreuen.

Zubereitungszeit 30 Minuten
(plus Zeit zum Gehen und Backen)
Pro Stück ca. 364 kcal/1530 kJ
7 g E · 14 g F · 46 g KH

Kolatschen

Kolatschen entstammen der böhmischen Küche, haben aber auch in Sachsen Liebhaber gefunden.

Zutaten für 20 Stück:
450 g Mehl
Ca. 200 ml lauwarme Milch
1 Würfel Hefe
60 g Zucker
125 g Backfett (am besten Butter)
2 Eier, 1 P. Vanillezucker
Für die Füllung:
200 g Pflaumenmus
4 El Mandelblättchen
Zum Bestreichen:
2 El Backfett (am besten Butter)
2 El Streu- oder Hagelzucker
Mehl zum Ausrollen
Fett für das Backblech

1 Für den Teig das Mehl in eine Schüssel geben und eine Vertiefung hinein drücken. Die in etwas lauwarmer Milch aufgelöste Hefe hineingeben und mit einem Teil des Mehls dickbreiig verrühren. Zugedeckt 30 Minuten gehen lassen.

2 Die restliche lauwarme Milch mit dem Zucker, dem zerlassenen Fett, den Eiern und Vanillezucker dazugeben und alles zu einem geschmeidigen Hefeteig verkneten. Teig so lange schlagen, bis er Blasen wirft. Zugedeckt etwa 30 Minuten gehen lassen.

3 Teig anschließend einmal kräftig durchkneten und auf einer bemehlten Arbeitsfläche 1 cm dick ausrollen. Den Teig in 7 x 7 cm große Quadrate schneiden.

4 Pflaumenmus auf die Teigquadrate verteilen und mit den Mandelblättchen bestreuen. Teigquadrate zu Kugeln formen und mit der Nahtseite nach unten auf ein gefettetes Backblech legen. Zugedeckt etwa 15 Minuten gehen lassen. Den Backofen auf 175 °C vorheizen.

5 Teigkugeln im vorgeheizten Backofen bei 180 ° C (Gasherd Stufe 2–3) etwa 30 Minuten backen.

6 Zum Bestreichen das Backfett zerlassen. Die noch warmen Kolatschen damit bestreichen und mit dem Streu- oder Hagelzucker bestreuen.

Zubereitungszeit 30 Minuten
(plus Zeit zum Gehen und Backzeit)
Pro Stück ca. 179 kcal/750 kJ
4 g E · 7 g F · 25 g KH

Kleckselkuchen

Vor dem Ersten Weltkrieg hatte die Köchin Therese Niese in Leipzig eine Schule für „Höhere Töchter" gegründet, die ganz der Sparsamkeit verschrieben war. Keinen Rest unverwertet zu lassen ist eine alte sächsische Tugend – und so verwertete sie Reste vom Quarkkuchen und Reste vom Mohnkuchen zu diesem lustigen Kleckselkuchen.

Zutaten für 18 Stücke:
500 g Mehl
30 g Hefe
320 g Zucker
1 Prise Salz
375 ml lauwarme Milch
120 g Backfett (am besten Butter)
50 g Quark
3 Eigelb
1 El Speisestärke
3 El Zitronensaft
50 g Rosinen
200 g gemahlener Mohn
3 El Paniermehl
1 Msp. gemahlener Zimt
3 Äpfel
Puderzucker
Mehl zum Ausrollen

1 Mehl in eine Schüssel geben und in die Mitte eine Vertiefung drücken.

2 Hefe mit 20 g Zucker, Salz und 50 ml lauwarmer Milch verrühren, in die Vertiefung geben und mit etwas Mehl dickbreiig verühren.

3 Zugedeckt etwa 15 Minuten gehen lassen.

4 Anschließend 120 ml Milch mit 100 g Zucker, 1 Prise Salz und 50 g zerlassenes Backfett zu dem Vorteig geben und verkneten. Teig zugedeckt 1 Stunde gehen lassen.

5 Quark mit Eigelb, 30 g Backfett und 50 g Zucker schaumig rühren. Anschließend 80 ml Milch darunter rühren. Die Speisestärke mit 1 El Zitronensaft und den Rosinen dazufügen, alles gut vermischen.

6 Mohn und 40 g Backfett erwärmen. Unter Rühren 125 ml Milch angießen, Mohnmasse aufkochen und 5 Minuten köcheln lassen. Paniermehl darunter rühren, einmal aufkochen und 150 g Zucker und Zimt darunter rühren.

7 Den gegangenen Teig auf einer bemehlten Arbeitsfläche einmal durchkneten, ausrollen und auf ein bemehltes Backblech legen, mehrfach mit einer Gabel einstechen. Backofen auf 200 °C vorheizen.

8 Mit einem Esslöffel von der Quark- und der Mohnmasse kleine Häufchen auf den Teig setzen.

9 Äpfel schälen und vierteln, entkernen und in Scheiben schneiden. Mit restlichem Zitronensaft vermischen und zwischen die Quark- und Mohnhäufchen verteilen. Im vorgeheizten Backofen bei 200 ° C (Gasherd Stufe 3) 45 Minuten backen. Vor dem Servieren mit Puderzucker bestäuben.

Zubereitungszeit 45 Minuten
(plus Geh- und Backzeit)
Pro Stück ca. 275 kcal/1155 kJ
7 g E · 7 g F · 45 g KH

Mohnkuchen

Mohnkuchen ist vor allem in Thüringen und Sachsen weit verbreitet – hier wird traditionell schon seit langer Zeit viel Mohn angebaut.

Zutaten für 18 Stücke:
500 g Mehl
1/2 l Milch
1 Würfel Hefe
250 g Zucker
1 Ei
50 g Backfett (am besten Butter)
Für den Belag:
1 l Milch
125 g Grieß
200 g gemahlener Mohn
3 Eier
1 Päckchen Vanillezucker
1 Prise Salz
100 g gemahlene Mandeln
Saft von 1/2 Zitrone
Außerdem:
Mehl zum Ausrollen
Fett für das Backblech
75 g Puderzucker zum Bestreuen

1 Für den Teig das Mehl in eine Schüssel geben und in die Mitte eine Vertiefung drücken.

2 1/2 l lauwarme Milch mit der Hefe und 1 Tl Zucker verrühren und in die Mulde gießen. Mit etwas Mehl dickbreiig verrühren und zugedeckt mindestens 15 Minuten gehen lassen.

3 50 g Zucker mit einem Ei und dem zerlassenen Backfett dazugeben. Alles zu einem glatten Teig verkneten bis er Blasen wirft und sich vom Schüsselrand löst. Den Teig zugedeckt 30 Minuten gehen lassen.

4 Für den Belag die Milch in einem Topf aufkochen, mit dem Grieß und dem Mohn verrühren und bei geringer Hitze 30 Minuten quellen lassen.

5 Die restlichen Eier trennen. Das Eigelb mit dem restlichen Zucker, dem Vanillezucker, Salz, Mandeln und Zitronensaft unter die Mohnmasse rühren. 2 Eiweiß zu steifem Eischnee schlagen, zur Mohnmasse dazugeben und unterheben.

6 Den Teig auf einer bemehlten Arbeitsfläche ausrollen, auf ein gefettetes Backblech legen und zugedeckt 15 Minuten gehen lassen.

7 Anschließend die Mohnmasse gleichmäßig auf dem Teig verstreichen. Kuchen im vorgeheizten Backofen bei 200 °C (Gasherd Stufe 3) etwa 40 Minuten backen lassen.

8 Zum Servieren den Mohnkuchen mit Puderzucker bestreuen.

Zubereitungszeit 25 Minuten
(plus Zeit zum Gehen und Backzeit)
Pro Stück ca. 368 kcal/1549 kJ
12 g E · 15 g F · 47 g KH

Suhler Rahmkuchen

Die Kuchenbäckerei hat in Thüringen von einfachen Anfängen ab dem 19. Jahrhundert immer üppigere Formen angenommen. Bei Dorffesten wurde der Gemeinschaftsbackofen mit Ladungen von Blechen bestückt – das Ansehen eines jeden Dorfes hing davon ab, wie groß die Zahl der Kuchen und wie vielfältig und großartig ihr Belag war.

Zutaten für 16 Stücke:

500 g Mehl
50 g Zucker
1 Prise Salz
100 g Backfett (am besten Butter)
1/2 Würfel Hefe
1/8 l lauwarme Milch

Für den Belag:

1 l Milch
100 g Zucker
2 Päckchen Vanillepuddingpulver
500 - 800 g Rosinen

Für den Guss:

3 Eier
3 El Zucker
500 g dicke süße Sahne
(am besten Crème double)

1 Für den Teig das Mehl mit Zucker, Salz und Backfett in eine Schüssel geben.

2 Hefe in der lauwarmen Milch auflösen und nach und nach unter die Mehlmischung kneten. So lange kneten, bis der Teig Blasen wirft und sich vom Schüsselrand löst. Den Teig zugedeckt mindestens 1 Stunde gehen lassen.

3 Anschließend den Teig kräftig durchkneten und auf einer bemehlten Arbeitsfläche ausrollen. Ein gefettetes Backblech damit belegen, Teigplatte mehrfach mit der Gabel einstechen. Teig zugedeckt gehen lassen. Den Backofen auf 200 °C vorheizen.

4 Für den Belag aus Milch, Zucker und Puddingpulver einen Pudding kochen und diesen auf den Teig streichen. Die gewaschenen und abgetropften Rosinen auf dem Pudding verteilen.

5 Für den Guss die Eier mit dem Zucker verschlagen, die Sahne dazugeben und unterheben. Den Guss auf dem Kuchen verteilen.

6 Kuchen im vorgeheizten Backofen bei 200 °C (Gasherd Stufe 3) etwa 45 Minuten backen.

Zubereitungszeit 30 Minuten
(plus Zeit zum Gehen und Backzeit)
Pro Stück ca. 456 kcal/1916 kJ
10 g E · 13 g F · 74 g KH

Zwetschgenkuchen mit Leinöl

Der Leinanbau hat in Thüringen eine noch längere Tradition als der Rapsanbau, doch hat Lein nie wieder größere Bedeutung für die Landwirtschaft erlangen können.

Zutaten für 16 Stücke:
500 g Weizenmehl
200 g Zucker
1 Prise Salz
200 g Backfett (am besten Butter)
2 Eier
1 Würfel Hefe
1/8 l lauwarme Milch
Für den Belag:
1 kg Zwetschgen
50–100 ml Leinöl
Außerdem:
Zucker zum Bestreuen
Mehl zum Ausrollen
Fett für das Backblech

1 Für den Teig das Mehl mit Zucker, Salz, Backfett und Eiern in eine Schüssel geben.

2 Die Hefe in der lauwarmen Milch auflösen und nach und nach unter die Mehlmischung kneten. So lange kneten, bis der Teig Blasen wirft und sich vom Schüsselrand löst. Den Teig zugedeckt mindestens 1 Stunde gehen lassen.

3 Den Backofen auf 180 °C vorheizen. Den gegangenen Teig einmal kräftig durchkneten und auf einer bemehlten Arbeitsfläche ausrollen. Ein gefettetes Backblech damit belegen. Den Teig zugedeckt 20 Minuten gehen lassen.

4 Inzwischen die Zwetschgen putzen, waschen und abtrocknen, anschließend entsteinen und auf dem Teig verteilen. Die Zwetschgen mit dem Leinöl beträufeln.

5 Den Kuchen im vorgeheizten Backofen bei 180 °C (Gasherd Stufe 2) etwa 35–40 Minuten backen. Den noch heißen Kuchen mit Zucker bestreuen.

Zubereitungszeit 30 Minuten
(plus Zeit zum Gehen und Backzeit)
Pro Stück ca. 209 kcal/879 kJ
1 g E · 14 g F · 20 g KH

Bäbe

Die Bäbe ist ein in Sachsen besonders beliebter Napfkuchen.

Zutaten für 16 Stücke:
500 g Mehl
100 g Zucker
1 Prise Salz
200 g Backfett (am besten Butter)
4 Eier
3 El Kaffeesahne
100 g gemahlene Mandeln
1/2 Würfel Hefe
1/8 l lauwarme Milch
250 g Rosinen
Außerdem:
Fett und Paniermehl für die Form
Puderzucker zum Bestäuben

1 Für den Teig das Mehl mit Zucker, Salz und Backfett in eine Schüssel geben. Die Eier mit der Kaffeesahne und den Mandeln dazufügen.

2 Die Hefe in der lauwarmen Milch auflösen und nach und nach unter die Mehlmischung kneten. Teig so lange kneten, bis er Blasen wirft und sich vom Schüsselrand löst. Die Rosinen hinzugeben und unterkneten. Den Teig zugedeckt mindestens 1 Stunde gehen lassen.

3 Anschließend den Teig kräftig durchkneten. Den Backofen auf 200 °C vorheizen.

4 Eine Napfkuchenform dick einfetten, mit Paniermehl ausstreuen und den Teig hineinfüllen.

5 Im vorgeheizten Backofen bei 200 °C (Gasherd Stufe 3) etwa 60 Minuten backen lassen.

6 Die Bäbe stürzen und auskühlen lassen. Vor dem Servieren mit Puderzucker bestäuben.

Zubereitungszeit 30 Minuten
(plus Zeit zum Gehen und Backzeit)
Pro Stück ca. 341 kcal/1433 kJ
8 g E · 16 g F · 40 g KH

Sächsischer Streusel

Der Streuselkuchen ist ursprünglich in Schlesien beheimatet, doch die Kuchensüchtigen Sachsen haben das Rezept für sich übernommen – Hauptsache scheene sieße ist er! Längst ist der Streuselkuchen aber in ganz Deutschland so beliebt, dass jede Region ihre eigenen Begriffe und Rezepte hat. In Mecklenburg beispielsweise wird er als Plattenkauken auf großen Blechen vorbereitet und beim örtlichen Bäcker gebacken. Dann kommt er mit einem karierten Küchentuch bedeckt in die Speisekammer, wo sich jedermann bedienen kann – wenn er alle ist, wird ein neuer gebacken.

Zutaten für 14 Stücke:
500 g Mehl
100 g Zucker
1 Prise Salz
100 g Backfett (am besten Butter)
1/2 Würfel Hefe
1/4 l lauwarme Milch
Außerdem:
Mehl um Ausrollen
Fett für das Backblech
20 g Backfett (am besten Butter)
Für die Streusel:
150 g Mehl
150 g Zucker
230 g Backfett (am besten Butter)

1 Für den Teig das Mehl mit Zucker, Salz und Backfett in eine Schüssel geben.

2 Die Hefe in der lauwarmen Milch auflösen und nach und nach unter die Mehlmischung kneten. So lange kneten, bis der Teig Blasen wirft und sich vom Schüsselrand löst. Den Teig zugedeckt mindestens 1 Stunde gehen lassen.

3 Anschließend den Teig kräftig durchkneten, auf einer bemehlten Arbeitsfläche ausrollen und auf ein gefettetes Backblech legen. Das Backfett zerlassen, den Teig damit bestreichen und zugedeckt 15 Minuten gehen lassen. Den Backofen auf 200 °C vorheizen.

4 Für die Streusel das Mehl mit dem Zucker vermengen und mit 150 g weichen Backfett zu Streuseln reiben. Streusel auf dem Teig verteilen. Restliches Backfett zerlassen und über die Streusel träufeln. Kuchen im vorgeheizten Backofen bei 200 °C (Gasherd Stufe 3) etwa 25 Minuten backen lassen.

Zubereitungszeit 35 Minuten
(plus Zeit zum Gehen und Backzeit)
Pro Stück ca. 431 kcal/1811 kJ
6 g E · 22 g F · 52 g KH

Kirschkuchen mit Rapsöl

Der Rapsanbau hat in Thüringen eine lange Tradition, die zu DDR-Zeiten weiter gepflegt wurde. Und auch heute noch erfreuen die gelb blühenden Rapsfelder das Auge des Betrachters.

Zutaten für 18 Stücke:
500 g Weizenvollkornmehl
80 g Zucker
1 Prise Salz
200 g Backfett (am besten Butter)
1/2 Würfel Hefe
1/4 l lauwarme Milch
Für den Belag:
1 kg Sauerkirschen
100 ml Rapsöl
125 g Zucker
Außerdem:
Fett für das Backblech

1 Für den Teig das Mehl mit 80 g Zucker, Salz und Backfett in eine Schüssel geben. Die Hefe in der lauwarmen Milch auflösen und nach und nach unter die Mehlmischung kneten. So lange kneten, bis der Teig Blasen wirft und sich vom Schüsselrand löst. Den Teig zugedeckt mindestens 1 Stunde gehen lassen.

2 Anschließend den Teig kräftig durchkneten und auf einer bemehlten Arbeitsfläche ausrollen. Teigplatte auf ein gefettetes Backblech legen und zugedeckt 15 Minuten gehen lassen.

3 Den Backofen auf 200 °C vorheizen.

4 Die Kirschen putzen, waschen und entsteinen, anschließend auf dem Teig verteilen. Den Kuchen mit dem Rapsöl gleichmäßig beträufeln.

5 Im vorgeheizten Backofen bei 180 °C (Gasherd Stufe 2) etwa 35 Minuten backen lassen.

6 Kuchen herausnehmen, mit dem Zucker bestreuen und abkühlen lassen.

Zubereitungszeit 35 Minuten
(plus Zeit zum Gehen und Backzeit)
Pro Stück ca. 307 kcal/1288 kJ
5 g E · 16 g F · 35 g KH

Karamellcremekuchen

Zutaten für 18 Stücke:
500 g Mehl
50 g Zucker
1 Prise Salz
100 g Backfett (am besten Butter)
1 Würfel Hefe
1/4 l lauwarme Milch
Für den Belag:
1 l Milch
100 g Zucker
2 Päckchen Karamellpuddingpulver
500 g Rosinen
Für den Guss:
3 Eier
50 g Zucker
500 ml dicke Sahne
(am besten Crème double)

1 Für den Teig das Mehl mit Zucker, Salz und Backfett eine Schüssel geben.

2 Die Hefe in der lauwarmen Milch auflösen und nach und nach unter die Mehlmischung kneten. So lange kneten, bis der Teig Blasen wirft und sich vom Schüsselrand löst. Den Teig zugedeckt mindestens 1 Stunde gehen lassen.

3 Den Teig auf einer bemehlten Arbeitsfläche ausrollen und ein gefettetes Backblech damit belegen. Teig zugedeckt 60 Minuten gehen lassen.

4 Inzwischen für den Belag aus Milch, Zucker und Karamellpuddingpulver einen Pudding kochen und abkühlen lassen. Den Backofen auf 180 °C vorheizen.

5 Den abgekühlten Pudding auf die Teigplatte streichen, mit den Rosinen bestreuen.

6 Für den Guss die Eier mit dem Zucker schaumig schlagen, die Sahne darunter heben. Den Guss über die Rosinen gießen. Kuchen im vorgeheizten Backofen bei 180 °C etwa 45 Minuten backen lassen.

Zubereitungszeit 30 Minuten
(plus Zeit zum Gehen und Backzeit)
Pro Stück ca. 428 kcal/1797 kJ
9 g E · 18 g F · 56 g KH

Osterkuchen

Zutaten für 12 Stücke:
1 P. Trockenhefe
500 g Mehl
6 El Zucker
1 Prise Salz
10 Eigelb
375 g Backfett (am besten Butter)
150 ml lauwarme Milch
150 g Rosinen
2 El abgeriebene Orangenschale
1 El abgeriebene Zitronenschale
Außerdem:
Fett für die Form
Mehl für die Form
Für die Glasur:
250 g Puderzucker
2 Tl Zitronensaft

1 Für den Teig die Hefe mit dem Mehl in einer Schüssel sorgfältig vermischen. Den Zucker mit Salz, Eigelb und dem weichen Backfett dazugeben. Die lauwarme Milch nach und nach hinzugießen und alles zu einem geschmeidigen Hefeteig verkneten, bis er Blasen wirft und sich vom Schüsselrand löst. Zugedeckt 30 Minuten gehen lassen.

2 Den Teig mit etwas Mehl bestäuben und zugedeckt mindestens 1 Stunde gehen lassen, bis er sich verdoppelt hat. Die Rosinen waschen, abtrocknen und mit der Orangen- und Zitronenschale unter den gegangenen Teig kneten.

3 Die Innenseite einer Backform sorgfältig mit Backfett dick einfetten und gleichmäßig bemehlen.

4 Den Teig in die Form geben, etwas andrücken und zugedeckt etwa 1 Stunde gehen lassen, bis er sich verdoppelt hat. Den Backofen auf 175 °C vorheizen.

5 Den Kuchen im vorgeheizten Backofen bei 175 °C (Gasherd Stufe 2) etwa 40 Minuten backen lassen, bis er goldbraun ist.

6 Für die Glasur den Puderzucker mit dem Zitronensaft und etwa 4 El Wasser glatt verrühren. Den Kuchen aus der Form lösen und etwas abkühlen lassen. Den Guss über den gestürzten Osterkuchen gießen und antrocknen lassen.

Zubereitungszeit 30 Minuten
(plus Zeit zum Gehen und Backzeit)
Pro Stück ca. 632 kcal/2232 kJ
8 g E · 33 g F · 51 g KH

Frühstückskuchen

Dieser einfache Hefekuchen ist bis heute auch besonders als Unterlage für „trockene" Kuchen, etwa mit Streuseln belegt, geeignet. Für „nasse" Kuchen sollte man die Fettmenge im Grundrezept erhöhen.

Zutaten 18 Stücke:
500 g Mehl
30 g Zucker
1 Prise Salz
100 g Backfett (am besten Butter)
1/2 Würfel Hefe
1/4 l lauwarme Milch
Außerdem:
Mehl zum Ausrollen
Fett für das Backblech
Für den Belag:
3–4 El Milch
100 g Zucker

1 Das Mehl in eine Schüssel geben, den Zucker mit dem Salz dazugeben. Das weiche Backfett in Flöckchen darauf verteilen.

2 Die Hefe mit der lauwarmen Milch verrühren und zu den Zutaten in die Schüssel geben. Alles zu einem geschmeidigen Hefeteig verkneten, bis er Blasen wirft und sich vom Schüsselrand löst. Zugedeckt mindestens 1 Stunde gehen lassen.

3 Den Teig anschließend auf einer bemehlten Arbeitsfläche einmal kräftig durchkneten, ausrollen und auf ein eingefettetes Backblech legen. Teigplatte mehrfach mit einer Gabel einstechen.

4 Den Hefeteig zugedeckt über Nacht stehen lassen.

5 Am nächsten Tag den Backofen auf 200 °C vorheizen. Den Teig mit etwas lauwarmer Milch bestreichen und mit dem Zucker gleichmäßig bestreuen.

6 Den Kuchen im vorgeheizten Backofen bei 200 °C (Gasherd Stufe 3) etwa 15 Minuten backen lassen

Anmerkung:
Dieses Rezept für einen einfachen Hefekuchen zeigt, wie früher in Thüringen auf dem Lande gegessen wurde. Die Bäuerin brachte diesen Kuchen als zweites Frühstück zu den arbeitenden Männern aufs Feld.

Zubereitungszeit 15 Minuten
(plus Zeit zum Gehen und Backzeit)
Pro Stück ca. 177 kcal/742 kJ
3 g E · 5 g F · 28 g KH

Butterzopf

Zutaten für 20 Stücke:
500 g Mehl
50 g Zucker
1 kräftige Prise Salz
200 g Backfett (am besten Butter)
1 Eigelb
1 El Weinbrand oder Rum
2 gemahlene bittere Mandeln oder
1 Tropfen Bittermandelöl
1/2 Würfel Hefe
1/4 l lauwarme Milch
Außerdem:
Mehl zum Ausrollen
1 Eigelb

1 Für den Teig das Mehl mit Zucker, Salz und Backfett in eine Schüssel geben. Das Eigelb mit dem Alkohol und den Bittermandeln oder Bittermandelöl dazugeben.

2 Die Hefe in der lauwarmen Milch auflösen und nach und nach unter die Mehlmischung kneten. So lange kneten, bis der Teig Blasen wirft und sich vom Schüsselrand löst. Den Teig zugedeckt mindestens 1 Stunde gehen lassen.

3 Den Backofen auf 200 °C vorheizen. Teig auf einer bemehlten Arbeitsfläche kräftig durchkneten.

4 Den Teig in 3 unterschiedlich große Stücke teilen. Das größte Teigstück in 4 Portionen aufteilen, zu Rollen formen und daraus einen vierteiligen Zopf flechten. Aus dem mittelgroßen Stück einen dreiteiligen Zopf formen und aus dem kleinsten Stück eine Rolle drehen.

5 Die Zöpfe aufeinander legen, die Rolle obenauf legen und auf ein gefettetes Backblech legen. Zugedeckt etwa 30 Minuten gehen lassen.

6 Den Teigstrang mit dem mit Wasser verquirltem Eigelb bestreichen und im vorgeheizten Backofen bei 180 °C (Gasherd Stufe 2) etwa 50 Minuten backen lassen.

Zubereitungszeit 35 Minuten
(plus Zeit zum Gehen und Backzeit)
Pro Stück ca. 176 kcal/737 kJ
4 g E · 9 g F · 19 g KH

Mohnstriezel

Zutaten für 20 Stücke:
500 g Mehl
150 g ungemahlener Mohn
80 g Zucker
1 Prise Salz
1 Ei
60 g Backfett (am besten Butter)
1/2 Würfel Hefe
1/4 l lauwarme Milch
Außerdem:
Mehl zum Ausrollen
Fett für das Backblech
Für die Glasur:
50 g Backfett (am besten Butter)
80–100 g Zucker

1 Für den Teig das Mehl mit Mohn, Zucker, Salz, Ei und Backfett in eine Schüssel geben.

2 Die Hefe in der lauwarmen Milch auflösen und nach und nach unter die Mehlmischung kneten. So lange kneten, bis der Teig Blasen wirft und sich vom Schüsselrand löst. Den Teig zugedeckt mindestens 1 Stunde gehen lassen.

3 Anschließend den Teig kräftig durchkneten und auf einer bemehlten Arbeitsfläche zu einem langen Brot formen. Auf ein gefettetes Backblech legen und zugedeckt 30 Minuten gehen lassen. Den Backofen auf 180 °C vorheizen.

4 Den Striezel im vorgeheizten Backofen bei 180 °C (Gasherd Stufe 2) etwa 50 Minuten backen lassen.

5 Herausnehmen und das noch warme Gebäck mit dem zerlassenen Backfett bestreichen und mit dem Zucker bestreuen.

Zubereitungszeit 30 Minuten
(plus Zeit zum Gehen und Backzeit)
Pro Stück ca. 178 kcal/746 kJ
5 g E · 7 g F · 23 g KH

Wickelkranz

Zutaten für 30 Stücke:
500 g Mehl
80 g Zucker
1 Prise Salz
1 Ei
60 g Backfett (am besten Butter)
1/2 Würfel Hefe
1/4 l lauwarme Milch
Außerdem:
Mehl zum Ausrollen
Fett für das Backblech
Für die Füllung:
1 Ei
100 g Zucker
30 g gehackte Mandeln
100 g gewaschene Rosinen
Für die Glasur:
80–100 g Konfitüre

1 Für den Teig das Mehl mit Zucker, Salz, Ei und Backfett in eine Schüssel geben. Die Hefe in der lauwarmen Milch auflösen und nach und nach unter die Mehlmischung kneten. So lange kneten, bis der Teig Blasen wirft und sich vom Schüsselrand löst. Den Teig zugedeckt 1 Stunde gehen lassen.

2 Anschließend den Teig kräftig durchkneten und auf einer bemehlten Arbeitsfläche zu einem 1 cm dicken Rechteck ausrollen. Den Backofen auf 180 °C vorheizen.

3 Das Ei mit dem Zucker schaumig verrühren, die Mandeln und die Rosinen unterheben.

4 Die Teigplatte mit der Füllung bestreichen und von der Längsseite her fest aufrollen. Die Rolle mit einem scharfen Messer der Länge nach teilen. Die Schnittstellen nach oben legen und die beiden Hälften umeinander schlingen.

5 Anschließend zu einem Kranz formen und auf einem gefetteten Backblech 15 Minuten zugedeckt gehen lassen.

6 Im vorgeheizten Backofen bei 180 °C (Gasherd Stufe 2) etwa 45 Minuten backen lassen.

7 Den Kuchen herausnehmen und mit der erwärmten Konfitüre glasieren.

Zubereitungszeit 40 Minuten
(plus Zeit zum Gehen und Backzeit)
Pro Stück ca. 134 kcal/564 kJ
3 g E · 3 g F · 23 g KH

Berliner Hefeschnecken

Zutaten für 16 Stück:
500 g Mehl
1 Prise Salz
1 Ei
100 g Backfett (am besten Butter)
50 g Zucker
Abgeriebene Schale von
1 unbehandelten Zitrone
1 Würfel Hefe
1/4 l lauwarme Milch
Für die Füllung:
50 g Orangeat
50 g Zitronat
1 El Zucker
100 g Backfett (am besten Butter)
100 g Rosinen
100 g gehackte Mandeln
1/2 Tl gemahlener Zimt
Außerdem:
Mehl zum Ausrollen
Fett für das Blech
Für die Glasur:
4 El Aprikosenmarmelade
150 g Puderzucker

1 Für den Hefeteig das Mehl mit dem Salz in eine Schüssel geben und eine Vertiefung in die Mitte drücken. Das Ei mit dem weichen Fett, dem Zucker und der Zitronenschale dazugeben.

2 Die Hefe mit der lauwarmen Milch verrühren, zu den Zutaten hinzugeben und alles zu einem geschmeidigen Teig verkneten. Den Teig schlagen bis er Blasen wirft und sich vom Schüsselrand löst. Zugedeckt etwa 40 Minuten gehen lassen bis er sich verdoppelt hat.

3 Den Teig anschließend auf einer bemehlten Arbeitsfläche zu einem Rechteck ausrollen. Für den Belag Orangeat und Zitronat mit dem Zucker fein hacken. Das Fett zerlassen und die Teigplatte damit bestreichen. Die Rosinen mit dem Orangeat, dem Zitronat, den Mandeln und dem Zimt gut vermischen, alles gleichmäßig auf dem Teig verteilen.

4 Den Teig von der Längsseite her aufrollen und in fingerdicke Scheiben schneiden. Die Teigschnecken auf ein gefettetes Backblech setzen und zugedeckt 20 Minuten gehen lassen. Den Backofen auf 200 °C vorheizen.

5 Die Schnecken im vorgeheizten Backofen bei 200 °C (Gasherd Stufe 3) etwa 20 Minuten backen.

6 Für die Glasur die Aprikosenmarmelade erwärmen, glatt rühren und die heißen Schnecken damit bestreichen. Den Puderzucker mit etwa 3 El Wasser glatt rühren und die Schnecken damit bestreichen.

Zubereitungszeit 30 Minuten
(plus Zeit zum Gehen und Backzeit)
Pro Stück ca. 265 kcal/1113 kJ
6 g E · 10 g F · 39 g KH

Rupfkuchen

Zutaten für 18 Stücke:
500 g Mehl
100 g Zucker
1 Prise Salz
1 P. Vanillezucker
1 Tl abgeriebene Schale von
1 Zitrone
150 g Backfett (am besten Butter)
1 Würfel Hefe
1/8 l lauwarme Milch
Außerdem:
Mehl zum Ausrollen
Fett für das Backblech
Für den Belag:
1/2 l Milch
250 g Zucker
1 P. Vanillepuddingpulver
2 Gläser Sauerkirschen
125 g Rosinen
100 g gehackte Mandeln
250 g Kokosraspeln
100 g Mehl
1 Ei
125 g Backfett (am besten Butter)
500 g saure Sahne
Außerdem:
200 g Zucker- oder
Schokoladenglasur

1 Für den Teig das Mehl mit Zucker, Salz, Vanillezucker, Zitronenschale und Backfett in eine Schüssel geben. Die Hefe in der lauwarmen Milch auflösen und nach und nach unter die Mehlmischung kneten. So lange kneten, bis der Teig Blasen wirft und sich vom Schüsselrand löst. Den Teig zugedeckt mindestens 1 Stunde gehen lassen.

2 Anschließend den Teig kräftig durchkneten und auf einer bemehlten Arbeitsfläche ausrollen. Teigplatte auf ein gefettetes Backblech legen, mehrfach mit einer Gabel einstechen und zugedeckt 15 Minuten gehen lassen.

3 Für den Belag aus Milch, 80 g Zucker und dem Puddingpulver einen Pudding kochen und auskühlen lassen. Die Sauerkirschen in einem Sieb abtropfen lassen.

4 Die Rosinen mit den Mandeln und den Kokosraspeln unter den Pudding geben und auf dem Teig verteilen.

5 Den Backofen auf 175 °C (Gasherd Stufe 2) vorheizen. Die abgetropften Sauerkirschen auf der Puddingmasse verteilen.

6 Den restlichen Zucker mit den Kokosraspeln, dem Mehl, dem Ei, dem Backfett und der sauren Sahne zu einem Teig verkneten. Den Teig in Flocken auf den Sauerkirschen verteilen.

7 Im Backofen etwa 40 Minuten goldgelb backen. Vor dem Servieren den Kuchen mit Zucker- oder Schokoladenglasur garnieren.

Zubereitungszeit 45 Minuten
(plus Zeit zum Gehen und Backzeit)
Pro Stück ca. 467 kcal/1959 kJ
9 g E · 24 g F · 54 g KH

Brandteig

Gefüllte Windbeutel

Zutaten für 12 Stück:
1 Prise Salz
60 g Backfett (am besten Butter)
150 g Mehl
4 Eier
Außerdem:
Mehl für das Backblech
Für die Füllung:
300 g gemischte Beeren
100 ml Johannisbeersaft
1–2 Tl Speisestärke
Ca. 1 El Zucker
3/8 l Schlagsahne
2 El Zucker
Puderzucker zum Bestäuben

1 Für den Teig 250 ml Wasser mit dem Salz und dem Fett in einem Topf aufkochen lassen.

2 Den Topf vom Herd nehmen, das Mehl auf einmal in den Topf schütten und sofort unterrühren. Den Topf wieder auf den Herd stellen, Teig so lange weiter rühren, bis er sich zu einem Kloß formt. Den Topf vom Herd nehmen und sofort 1Ei darunter rühren. Teig abkühlen lassen.

3 Nach und nach die restlichen Eier unter den kalten Teig rühren, bis der Teig glänzt und in langen Spitzen vom Löffel fällt. Den Backofen auf 225 °C vorheizen.

4 Den ausgekühlten Teig in einen Spritzbeutel mit großer Sterntülle füllen und auf ein bemehltes Backblech 12 etwa 7 cm große Kreise spritzen.

5 Den Brandteig im vorgeheizten Backofen bei 225 °C (Gasherd Stufe 3) etwa 25–30 Minuten backen lassen, nach 10 Minuten die Hitze auf 180 °C reduzieren.

6 Die Windbeutel herausnehmen, sofort aufschneiden und auskühlen lassen.

7 Für die Füllung die Beeren putzen, waschen und abtropfen lassen. 2 El Johannisbeersaft mit der Speisestärke verrühren. Den restlichen Saft mit Zucker abschmecken, aufkochen und mit der angerührten Speisestärke binden. Anschließend die Beeren darunter heben, einmal aufkochen und danach kalt stellen.

8 Die Sahne mit dem Zucker steif schlagen und in einen Spritzbeutel mit großer Sterntülle füllen. Die Sahne in die unteren Windbeutelhälften spritzen und die Beeren darauf verteilen.

9 Zum Servieren die oberen Hälften der Windbeutel darauf setzen und mit Puderzucker bestäuben.

Anmerkung:
Um das Aufgehen der Windbeutel zu unterstützen, gibt man vor dem Backvorgang 1 1/2 Tassen Wasser in die Fettpfanne des Backofens.

Zubereitungszeit 45 Minuten
(plus Backzeit)
Pro Stück ca. 125 kcal/525 kJ
4 g E · 7 g F · 12 g KH

Schokoladenwindbeutel

Zutaten für 15 Stück:
200 g Butter
1 Prise Salz
200 g Mehl
6 Eier
1 Tl Backpulver
Außerdem:
Mehl für das Backblech
Für Füllung und Guss:
100 g Schokolade
500 ml Sahne

1 Den Backofen auf 225 °C vorheizen. Für den Teig 400 ml Wasser mit der Butter und 1 Prise Salz zum Kochen bringen. Das Mehl auf einmal hinzufügen und rühren bis sich die Masse vom Topfboden löst. Topf vom Herd nehmen und 1 Ei unterrühren.

2 Den Teig abkühlen lassen, dabei nach und nach die Eier unterrühren, bis der Teig stark glänzt und in langen Spitzen vom Löffel fällt. Das Backpulver unter den kalten Teig rühren.

3 Mit 2 Teelöffeln kleine Teighäufchen auf ein bemehltes Backblech setzen.

4 Im vorgeheizten Backofen bei 225 °C etwa 10 Minuten backen lassen. Die Hitze auf 175 °C reduzieren und die Windbeutel etwa 15 Minuten weiter backen lassen. Den Backofen zwischendurch nicht öffnen.

5 Die Windbeutel herausnehmen, waagerecht aufschneiden und auskühlen lassen.

6 Für den Guss die Schokolade zerkleinern und in 100 ml Sahne schmelzen lassen. Restliche Sahne schlagen, die Windbeutel damit füllen. Den leicht abgekühlten Schokoladenguss über die Windbeutel gießen und servieren.

Zubereitungszeit 45 Minuten (plus Backzeit)
Pro Stück ca. 275 kcal/1154 kJ
5 g E · 21 g F · 18 g KH

Eberswalder Spritzkuchen

Zutaten für 20 Stück:
1 Prise Salz
60 g Backfett (am besten Butter)
150 g Mehl
3–4 Eier
1 Tl Backpulver
Außerdem:
Ca. 1/2 l Fett zum Frittieren
Pergamentpapier
Für die Glasur:
150 g Puderzucker
3 Tl Weinbrand oder Rum

1 250 ml Wasser mit dem Salz und dem Backfett in einem Topf aufkochen. Den Topf vom Herd nehmen und unter Rühren das Mehl auf einmal unter Rühren dazugeben.

2 Den Topf wieder auf den Herd stellen, weiter rühren bis sich ein Teigkloß bildet und sich vom Topfboden löst. Topf vom Herd nehmen und 1 Ei darunter rühren, Teig etwas abkühlen lassen.

3 Die restlichen Eier nacheinander darunter rühren, bis der Teig glänzt und in langen Spitzen vom Löffel fällt. Anschließend das Backpulver zum Teig geben und unterrühren. Das Frittierfett in einem geeigneten Topf auf 180 °C erhitzen.

4 Den Teig in einen Spritzbeutel mit großer Sterntülle füllen. Damit 20 Kringel auf in Stücke geschnittenes Pergamentpapier spritzen. Die Kringel vom Backpapier in das heiße Fett gleiten lassen und goldbraun ausbacken.

5 Teigkringel aus dem Frittiertopf nehmen, auf Küchenpapier gut abtropfen lassen. Für die Glasur den Puderzucker mit dem Alkohol glatt verrühren und die Spritzkuchen damit bestreichen. Glasur antrocknen lassen und Spritzkuchen servieren.

Zubereitungszeit 30 Minuten
(plus Frittierzeit)
Pro Stück ca. 189 kcal/791 kJ
2 g E · 16 g F · 9 g KH

Liebesknochen

Die Berliner haben die feinen französischen Éclairs („Blitzkuchen") in „Liebesknochen" umbenannt – unter dieser Bezeichnung sind die Brandteigstangen populär geworden.

Zutaten für 12 Stück:
125 ml Milch
1 Prise Salz
1 El Zucker
75 g Backfett (am besten Butter)
150 g Weizenmehl
4 Eier
Außerdem:
Fett für das Backblech
Für die Creme:
250 ml Milch
1 P. Vanillinzucker
3 Eigelb
75 g Zucker
2 El lösliches Kaffeepulver
20 g Mehl
2 Eiweiß
Für die Glasur:
200 g Puderzucker
2 El Mokkapulver
30 g Backfett (am besten Butter)

1 125 ml Wasser mit Milch, Salz, Zucker und Backfett aufkochen. Topf vom Herd nehmen und unter Rühren das Mehl auf einmal dazugeben.

2 Topf wieder auf den Herd stellen, weiter rühren bis sich ein Teigkloß bildet und sich vom Topfboden löst. Topf vom Herd nehmen und 1 Ei darunter rühren, Teig etwas abkühlen lassen.

3 Die restlichen Eier nacheinander darunter rühren, bis der Teig glänzt und in langen Spitzen vom Löffel fällt.

4 Den Backofen auf 200 °C vorheizen. Teig in einen Spritzbeutel mit gezackter Tülle füllen und auf ein gefettetes Backblech 12 etwa 10 cm lange Streifen spritzen.

5 Liebesknochen im vorgeheizten Backofen bei 200 °C (Gasherd Stufe 3) etwa 30 Minuten goldgelb backen, herausnehmen und waagerecht aufschneiden.

6 Für die Füllung Milch mit Vanillinzucker zum Kochen bringen. Eigelb mit Zucker und Kaffeepulver zu einer dickschaumigen Creme verrühren, Mehl unterrühren. Das Eiweiß zu steifem Eischnee schlagen.

7 Unter ständigem Schlagen die heiße Milch darunter rühren, im Wasserbad schaumig aufschlagen bis die Masse einmal aufkocht. Sofort vom Herd nehmen und den Eischnee darunter heben. Mit etwas Zucker bestreut abkühlen lassen.

8 Für die Glasur Puderzucker mit Mokkapulver und zerlassenem Fett zu einem glatten Sirup verrühren.

9 Creme in einen Spritzbeutel füllen und Liebesknochen damit füllen. Oberfläche des Gebäcks mit der Glasur bestreichen und antrocknen lassen.

Zubereitungszeit 40 Minuten (plus Backzeit)
Pro Stück ca. 208 kcal/874 kJ
7 g E · 12 g F · 18 g KH

Käsekugeln

Käsekugeln eignen sich zum Garnieren einer Käse- oder Salatplatte, aber auch als Suppeneinlage und –beilage oder einfach zum Knabbern.

Zutaten für 30 Stück:
1 Prise Salz
100 g Backfett (am besten Butter)
200 g Mehl
4–5 Eier
Außerdem:
40 g würziger Käse
1/2 Tl Paprikapulver
Mehl und Fett für das Blech

1 375 ml Wasser in einen Topf geben, das Salz mit dem Backfett dazufügen und aufkochen lassen. Den Topf vom Herd nehmen und das Mehl auf einmal in den Topf schütten und durchrühren.

2 Den Topf wieder auf den Herd stellen und den Teig so lange weiter rühren, bis er sich zu einem Kloß formt. Topf vom Herd nehmen.

3 1 Ei darunter rühren und den Teig etwas abkühlen lassen. Den Backofen auf 225 °C vorheizen.

4 Inzwischen den Käse reiben. Die restlichen Eier nacheinander mit dem geriebenen Käse und dem Paprikapulver unter den Teigkloß rühren.

5 Aus dem Teig mit zwei Teelöffeln kleine Häufchen auf ein gefettetes und bemehltes Backblech setzen.

6 Im vorgeheizten Backofen bei 225 °C (Gasherd Stufe 3) etwa 8 Minuten goldgelb backen lassen, die Hitze auf 175 °C reduzieren und 10 Minuten weiter backen.

Zubereitungszeit 35 Minuten (plus Backzeit)
Pro Stück ca. 62 kcal/259 kJ
2 g E · 4 g F · 5 g KH

Bananenringe

Für die Verteilung der so begehrten Bananen im Land fehlte der DDR die erforderliche Infrastruktur. Da es vor allem darum ging, die Bevölkerung zu hohen Festtagen wie Weihnachten ausreichend zu versorgen, war es angesichts der kalten Witterung erforderlich, die Transportwaggons und Transportfahrzeuge zu heizen – dafür mussten erst im Westen entsprechende Heizöfen für Eisenbahnwaggons beschafft werden. Wer dann doch Bananen ergattern und seinen Freunden beispielsweise Bananenringe anbieten konnte, hielt einen ganz besonderen Leckerbissen bereit!

Zutaten für 20 Stück:
1 Prise Salz
65 g Backfett (am besten Butter)
150 g Mehl, 4 Eier
50 g getrocknete Aprikosen
1 Banane, 1 Tl Zitronensaft
40 g gehackte Nüsse oder Mandeln
Außerdem:
Fett zum Ausbacken
Zum Bestreuen:
3 El Zucker
2 Tl gemahlener Zimt

1 250 ml Wasser mit Salz und Backfett aufkochen. Topf vom Herd nehmen und unter Rühren das Mehl auf einmal dazugeben. Topf wieder auf den Herd stellen, weiter rühren bis sich ein Teigkloß bildet und sich vom Topfboden löst. Topf vom Herd nehmen und 1 Ei darunter rühren, etwas abkühlen lassen.

2 Restliche Eier nacheinander darunter rühren, bis der Teig glänzt und in langen Spitzen vom Löffel fällt.

3 Aprikosen klein würfeln. Banane schälen, fein würfeln und mit dem Zitronensaft beträufeln. Beides mit den Nüssen oder Mandeln unter den Teig heben. Frittierfett auf 180 °C erhitzen.

4 Aus dem Teig mit einem Spritzbeutel mit Sterntülle auf einen Streifen gefettetes Pergamentpapier kleine Ringe spritzen. Nacheinander mit Hilfe des Papiers in das Fett gleiten lassen und unter Wenden 8-10 Minuten ausbacken.

5 Herausnehmen und auf Küchenpapier abtropfen lassen. Zucker und Zimt vermischen und die heißen Bananenringe darin wenden.

Zubereitungszeit 30 Minuten
(plus Frittierzeit)
Pro Stück ca. 95 kcal/397 kJ
2 g E · 5 g F · 8 g KH

Biskuit

Biskuitnapfkuchen

Zutaten für 18 Stücke:
4 Eier
2 Eigelb
100 g Zucker
100 g Mehl
20 g Speisestärke
1 Tl Backpulver
75 g Backfett (am besten Butter)
1 Tl abgeriebene Zitronenschale
75 g Kokosraspel
Außerdem:
Fett für die Form
40 Puderzucker zum Bestäuben

1 Backofen auf 180 °C vorheizen. Eier trennen, alles Eigelb mit 2 El heißem Wasser und der Hälfte des Zuckers schaumig schlagen.

2 Das Mehl mit der Speisestärke und dem Backpulver vermischen. Das kalte Backfett dazugeben und mit dem Mehl fein zerhacken.

3 Die Zitronenschale mit dem Mehlgemisch und den Kokosraspeln vorsichtig unter den Eischaum heben.

4 Das Eiweiß mit dem restlichen Zucker zu steifem Schnee schlagen. Ein Drittel des Eischnees unter die Teigmasse rühren. Den Rest des Eischnees vorsichtig darunter heben.

5 Den Biskuitteig in eine gefettete Ringform (24 cm Ø) füllen und im vorgeheizten Backofen bei 180 °C (Gasherd Stufe 2) etwa 40–50 Minuten backen.

6 Den Kuchen herausnehmen und etwas abkühlen lassen, anschließend stürzen und vollständig auskühlen lassen. Zum Servieren den Kuchen mit Puderzucker bestäuben.

Zubereitungszeit 20 Minuten
(plus Backzeit)
Pro Stück ca. 135 kcal/567 kJ
3 g E · 8 g F · 12 g KH

Blaubeer-Sahnerolle

Blaubeeren gab es reichlich in den Wäldern der DDR – genauso wie das Pilzesammeln hatte sich die Blaubeersuche zu einer Art „Volkssport" entwickelt.

Zutaten für 16 Stücke:
4 Eier
150 g Zucker
1 P. Vanillezucker
100 g Mehl
50 g Speisestärke
1 Tl Backpulver
1 El Kakaopulver
Außerdem:
Pergamentpapier für das Backblech
Zucker zum Bestreuen
Für die Füllung:
250 g Blaubeeren
4 Blatt weiße Gelatine
400 ml Schlagsahne
3 El Zucker
Außerdem:
1 El Puderzucker zum Bestreuen

1 Backofen auf 200 °C vorheizen. Eier trennen. Eiweiß zu steifem Schnee schlagen und nach und nach Zucker und Vanillezucker einrieseln lassen. Eigelb schaumig schlagen und unter den Eischnee heben.

2 Mehl mit Stärke, Backpulver und Kakao vermischen, auf die Masse sieben und unterheben.

3 Teig auf ein mit Pergamentpapier belegtes Backblech streichen. Im vorgeheizten Backofen bei 200 °C (Gasherd Stufe 3) etwa 10 Minuten backen.

4 Biskuitplatte auf ein mit Zucker bestreutes Küchentuch stürzen. Mit einem feuchten Küchentuch bedeckt auskühlen lassen.

5 Blaubeeren waschen und abtropfen lassen. Gelatine in kaltem Wasser einweichen. Sahne mit Zucker steif schlagen. Gelatine ausdrücken, bei geringer Hitze auflösen und mit etwas Sahne verrühren. Alles unter die restliche Sahne rühren und die Blaubeeren unterheben.

6 Papier von der Biskuitplatte abziehen, Blaubeersahne darauf verteilen, aufrollen und mit Puderzucker bestreuen.

Zubereitungszeit 30 Minuten (plus Backzeit)
Pro Stück ca. 179 kcal/753 kJ
4 g E · 9 g F · 20 g KH

Erdbeertorte

Diese Torte schmeckt auch wunderbar mit roten Johannisbeeren.

Zutaten für 12 Stücke:
4 Eier
120 g Zucker
1 P. Vanillezucker
1 Prise Salz
75 g Mehl
75 g Speisestärke
Für die Füllung:
500 g Erdbeeren
500 ml Sahne
2 El Zucker
Außerdem:
50 g gehobelte Mandeln zum Garnieren

1 Den Backofen auf 200 °C vorheizen. Die Eier trennen. Das Eiweiß zu steifem Schnee schlagen und nach und nach den Zucker, den Vanillezucker und Salz einrieseln lassen.

2 Das Eigelb mit 2 El heißem Wasser schaumig schlagen und vorsichtig unter den Eischnee heben. Das Mehl mit der Speisestärke vermischen, auf die Masse sieben und vorsichtig unterheben. Den Teig in eine mit Pergamentpapier ausgelegte Springform (28 cm Ø) füllen.

3 Im vorgeheizten Backofen bei 180 °C (Gasherd Stufe 2–3) etwa 30 bis 35 Minuten backen. Kuchen herausnehmen, aus der Form stürzen und das Papier abziehen.

4 Für die Füllung die Erdbeeren waschen und abtropfen lassen. Zur Verzierung 12 Erdbeeren beiseite legen, den Rest entkelchen und halbieren.

5 Die Sahne mit dem Zucker steif schlagen. Den ausgekühlten Biskuitboden waagerecht durchschneiden. Den unteren Boden mit der den halbierten Erdbeeren belegen und mit der Hälfte der Sahne bestreichen. Den zweiten Boden darauf setzen.

6 5 El Sahne in einen Spritzbeutel mit Sterntülle füllen. Torte mit der restlichen Sahne rundherum bestreichen und mit den restlichen Erdbeeren belegen.

7 Die Mandelblättchen in einer Pfanne ohne Fett goldgelb rösten und den Tortenrand damit bestreuen. Anschließend mit der restlichen Sahne 12 Sahnetupfen auf die Torte spritzen und mit je 1 Erdbeere belegen.

Zubereitungszeit 60 Minuten
(plus Backzeit)
Pro Stück ca. 272 kcal/1140 kJ
5 g E · 17 g F · 24 g KH

Berliner Punschtorte

Zutaten für 12 Stücke:
6 Eier
240 g Zucker
Abgeriebene Schale von
1 unbehandelten Zitrone
120 g Stärkepuder
2 Tl Backpulver
120 g Mehl
Außerdem:
Fett für die Form
Marmelade zum Bestreichen
Für die Füllung:
150 g Zucker
Saft und abgeriebene Schale
1 unbehandelten Orange
Saft und abgeriebene Schale
1 unbehandelten Zitrone
6 El Weinbrand oder Rum
200 g Marmelade
Für die Marzipanmasse:
125 g Puderzucker
250 g Persipan oder Marzipan
Für die Glasur:
100 g Puderzucker
2 El Weinbrand oder Rum
Geleefrüchte zum Garnieren

1 Den Backofen auf 200 °C vorheizen. Für den Teig die Eier trennen, das Eiweiß steif schlagen. Das Eigelb mit 6 El heißem Wasser und dem Zucker so lange schlagen, bis die Masse dickschaumig ist. Die abgeriebene Zitronenschale mit dem Eischnee hinzugeben und vorsichtig unterheben. Das mit Stärkepuder und Backpulver vermischte Mehl auf die Masse sieben und damit locker vermischen.

2 Den Teig in eine eingefettete Springform (24 cm Ø) füllen.

3 Den Kuchen etwa 30 Minuten bei 200 °C (Gasherd Stufe 3) backen, aus der Form stürzen und erkalten lassen. Zweimal waagerecht durchschneiden.

4 Die untere und die obere Tortenschicht dünn mit der Marmelade bestreichen, die mittlere Tortenschicht klein würfeln.

5 Für die Füllung den Zucker mit den Säften und 1/8 l Wasser aufkochen lassen. Den Alkohol, die Marmelade und die Biskuitwürfel dazufügen und alles gründlich miteinander vermischen. Etwa 2/3 der Masse gleichmäßig auf den unteren bestrichenen Tortenboden streichen und mit dem zweiten Boden, die bestrichene Seite nach oben, bedecken. Mit der restlichen Masse den Tortenrand bestreichen.

6 Für den Marzipandeckel den gesiebten Puderzucker mit dem Persipan oder Marzipan verkneten, anschließen 2 mm dünn ausrollen. Daraus einen Streifen in der Höhe des Tortenrandes schneiden und die Torte damit umlegen. Aus dem restlichen Teig einen Teigdeckel schneiden, die Torte damit bedecken und alles gut andrücken.

7 Für die Glasur den Puderzucker mit dem Alkohol glatt verrühren. Die Torte damit bestreichen und die Glasur antrocknen lassen.

Zubereitungszeit 60 Minuten
(plus Backzeit)
Pro Stück ca. 506 kcal/2128 kJ
8 g E · 11 g F · 91 g KH

Blätterteig

Blätterteig Grundrezept

Zutaten für 700 g Blätterteig:
250 g Mehl
25 g zerlassene Butter
1 Prise Salz
1 Eigelb
1/8 l Wasser
250 g kalte Butter
25 g Mehl
Mehl zum Bearbeiten

Genau genommen ist der Blätterteig eine Art Nudelteig mit Buttereinlage. Allerdings ist die Herstellung nicht ganz so einfach wie die Erklärung. Sie benötigen dazu viel Zeit und auch etwas Übung. Die Voraussetzung für das gute Gelingen eines Blätterteiges ist die Konsistenz der Butter. Sie muss gut gekühlt sein, bevor man sie in den Nudelteig einarbeitet. Durch mehrmaliges Ausrollen und übereinanderklappen entstehen zwischen den Teigschichten viele feine Butterschichten. Beim Backen wird daraus die typische „Blätterung".

Backbeispiel:
Schweinsohren, Seite 131

1 250 g Mehl in eine Schüssel sieben.

2 25 g flüssige Butter zu dem Mehl geben. Die Butter mit etwas Mehl zu Bröseln verkneten.

3 Salz und Eigelb dazugeben. Das Wasser nach und nach dazugießen, alle Zutaten gut mischen.

4 Den Teig zu einer Kugel formen, in Frischhaltefolie einschlagen und für 30 Minuten kühl stellen.

5 Die 250 g kalte Butter in Würfel schneiden. 25 g Mehl darüber sieben und alles gut verkneten.

6 Die Butter zwischen zwei Lagen Frischhaltefolie legen.

7 Auf 19 x 19 cm ausrollen und gut durchkühlen lassen (etwa 30 Minuten).

8 Den Teig auf 20 x 40 cm ausrollen. Die Butter auf den Teig legen. Die Ränder mit Wasser bestreichen.

9 Die leere Teighälfte darüber klappen, dann die Ränder gut andrücken. (1. mal touren)

10 Das Ganze zu einem länglichen Rechteck ausrollen. (1. mal touren)

11 Den Teig auf ein Drittel zusammenklappen, mit Mehl bestäuben und wieder ausrollen.

12 So zusammenklappen, dass drei gleichmäßig große Lagen entstehen. 30 Minuten kühl stellen.

13 Die Teigplatte noch einmal zu einem Rechteck ausrollen. (touren)

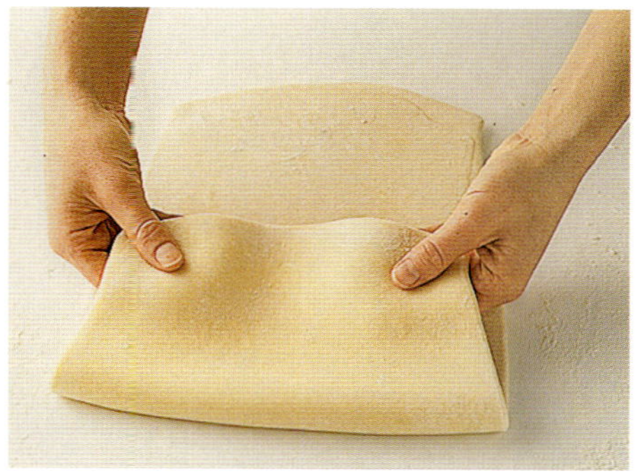

14 Die Teigplatte zu drei Lagen zusammenklappen, kalt stellen. Nach Rezept weiterverarbeiten.

15 Für Böden etwa 3 mm dick ausrollen. Entlang des Springformbodens ausschneiden.

16 Den ausgeschnittenen Boden auf ein mit Wasser abgespültes Backblech legen.

Blätterteig-Halbmonde

Blätterteig- Halbmonde sind eine feine Beilage zu Ragout, Frikassee, Leipziger Allerlei oder Spinat.

Zutaten für 20 Stück:
275 g Mehl
275 g Backfett (am besten Butter)
1 Prise Salz
1 Eigelb
Außerdem:
Mehl zum Ausrollen
1 Eigelb zum Bestreichen

1 250 g Mehl mit 25 g Backfett, 1 Prise Salz, dem Eigelb und 1/8 l kaltem Wasser zu einem geschmeidigen Teig verkneten.

2 Das restliche Backfett mit dem restlichen Mehl verkneten und den Teig nach dem Grundrezept damit zweimal touren (schichten). Zwischendurch den Teig kalt stellen.

3 Den Blätterteig anschließend auf einer bemehlten Arbeitsfläche 5 mm dick ausrollen.

4 Den Backofen auf 220 °C vorheizen. Aus dem Teig mit Hilfe einer Ausstechform kleine Halbmonde ausstechen.

5 Die Halbmonde auf ein mit Wasser abgespültes Backblech legen. Das Eigelb mit etwas Wasser verquirlen und die Halbmonde damit bestreichen. Die Schnittkanten frei lassen, damit die Halbmonde schön aufgehen können.

6 Die Blätterteig-Halbmonde im vorgeheizten Backofen bei 220 °C (Gasherd Stufe 4) etwa 15 Minuten goldgelb backen lassen.

Zubereitungszeit 40 Minuten
(plus Kühl- und Backzeit)
Pro Stück ca. 156 kcal/655 kJ
2 g E · 12 g F · 10 g KH

Äpfel im Schlafrock

Äpfel im Schlafrock eignen sich auch als Nachspeise, sie werden dann noch warm mit Vanilletunke aufgetragen.

Zutaten für 16 Stück:
275 g Mehl
25 g weiches Backfett (am besten Butter)
1 Prise Salz
1 Eigelb
125 ml Wasser
250 g kaltes Backfett (am besten Butter)
Außerdem:
Mehl zum Bearbeiten
Für die Füllung:
16 kleinere mürbe Äpfel
Ca. 125 g Marmelade oder Rosinen
Evtl. 16 ganze Mandeln
1 Eigelb zum Bestreichen

1 Für den Teig 250 g Mehl mit 25 g weichem Backfett, Salz, Eigelb und 1/8 l kaltem Wasser zu einem geschmeidigen Teig verarbeiten. Den Teig mit dem restlichen, mit 25 g Mehl verknetetem Backfett in Touren (Schichten) zu einem Blätterteig verarbeiten. Anschließend den Teig ausrollen und in 16 quadratische Stücke schneiden.

2 Den Backofen auf 225 °C vorheizen.

3 Die Äpfel schälen, das Kerngehäuse ausstechen und die Öffnung mit der Marmelade oder den Rosinen füllen.

4 Je 1 Apfel in die Mitte eines Teigquadrats setzen, die vier Teigecken zum Apfel hin klappen und mit einer gehäuteten Mandel fest drücken. Oder aus den Teigresten kleine Kreise ausstechen, auf die Teigmitte legen und andrücken.

5 Den Teig mit dem mit Wasser verquirltem Eigelb bestreichen, die Schnittkanten dabei aussparen.

6 Äpfel im vorgeheizten Backofen bei 220 °C (Gasherd Stufe 4) etwa 35 Minuten backen lassen.

Zubereitungszeit 45 Minuten (plus Kühl- und Backzeit)
Pro Stück ca. 227 kcal/953 kJ
2 g E · 16 g F · 19 g KH

Schweinsohren

Zutaten für 30 Stück:
250 g Mehl
25 g weiches Backfett (am besten Butter)
1 Prise Salz
1 Eigelb
250 g kaltes Backfett (am besten Butter)
25 g Mehl
Außerdem:
Mehl zum Ausrollen
grober Zucker
evtl. Schokoladenglasur

1 Aus den Teigzutaten mit 1/8 l Wasser einen Blätterteig zubereiten und mindestens 2-mal touren (schichten). Anschließend den Blätterteig auf einer bemehlten Arbeitsfläche 5 mm dünn ausrollen. Den Backofen auf 225 °C vorheizen.

2 Blätterteig auf einer bemehlten Arbeitsfläche zu einem Teigstreifen von 30 x 20 cm ausrollen.

3 Die Arbeitsfläche mit grobem Zucker bestreuen, die Teigplatte darauf legen, mit Zucker bestreuen und mit der Kuchenrolle fest andrücken.

4 Den Teig von beiden Längsseiten her nach innen zusammen rollen, anschließend die Rolle in 5 mm dünne Scheiben schneiden.

5 Ein Backblech mit dem grobkörnigen Zucker bestreuen. Die Schweinsohren darauf legen und im vorgeheizten Backofen bei 225 °C (Gasherd Stufe 4) 10 Minuten backen.

6 Das Backblech herausnehmen, die Schweinsöhrchen mit einem Messer wenden und 10 Minuten weiter backen, bis das Gebäck an den Rändern braun wird und knusprig ist.

7 Herausnehmen, abkühlen lassen und nach Belieben eine Hälfte mit etwas Schokoladenglasur bestreichen.

Zubereitungszeit 45 Minuten (plus Kühl- und Backzeit)
Pro Stück ca. 110 kcal/463 kJ
1 g E · 8 g F · 8 g KH

Herzhaftes Blätterteiggebäck

Kümmelstäbchen

Zutaten für 30 Stück:
250 g Mehl
25 g weiches Backfett (am besten Butter)
1 Prise Salz
1 Eigelb
250 g kaltes Backfett (am besten Butter)
25 g Mehl
Außerdem:
Mehl zum Ausrollen
Für den Belag:
1 Eigelb
1 Prise Salz
3 El Kümmel

1 Aus den Teigzutaten mit 1/8 l Wasser nach dem Grundrezept einen Blätterteig zubereiten und mindestens 2-mal touren (schichten).

2 Den Backofen auf 225 °C vorheizen.

3 Den Blätterteig auf einer bemehlten Arbeitsfläche 5 mm dick ausrollen und in gleichmäßige Stäbchen von 2 x 10cm rädeln und auf ein mit Wasser abgespültes Backblech legen.

4 Die Teigstücke mit dem mit Wasser verquirltem Eigelb bestreichen, die Ränder frei lassen. Die bestrichenen Teigstücke mit dem mit Salz vermengten Kümmel bestreuen.

5 Die Kümmelstäbchen im vorgeheizten Backofen bei 225 °C (Gasherd Stufe 3) etwa 12 Minuten backen lassen.

Zubereitungszeit 40 Minuten (plus Kühl- und Backzeit)
Pro Stück ca. 106 kcal/443 kJ
1 g E · 8 g F · 7 g KH

Käsestangen

Zutaten für 30 Stück:
250 g Mehl
25 g weiches Backfett (am besten Butter)
1 Prise Salz
1 Eigelb
250 g kaltes Backfett (am besten Butter)
25 g Mehl
Außerdem:
Mehl zum Ausrollen
1 Ei
125 g frisch geriebener Käse

1 Aus den Teigzutaten mit 1/8 l Wasser nach dem Grundrezept einen Blätterteig zubereiten und mindestens 2-mal touren (schichten).

2 Den Backofen auf 225 °C vorheizen.

3 Anschließend den Blätterteig auf einer bemehlten Arbeitsfläche 5 mm dünn ausrollen.

4 Den Blätterteig mit dem mit Wasser verquirltem Ei bestreichen und mit dem frisch geriebenem Käse bestreuen.

5 Die Teigplatte in gleichmäßige Stangen teilen und auf ein mit Wasser abgespültes Backblech legen.

6 Die Käsestangen im vorgeheizten Backofen bei 225 °C (Gasherd Stufe 3) etwa 12 Minuten backen lassen.

Zubereitungszeit 40 Minuten (plus Kühl- und Backzeit)
Pro Stück ca. 108 kcal/452 kJ
2 g E · 8 g F · 6 g KH

Würstchen im Blätterteig

Zutaten für 6 Stück:
250 g Mehl
25 g weiches Backfett
(am besten Butter)
1 Prise Salz
1 Eigelb
250 g kaltes Backfett
(am besten Butter)
25 g Mehl
Außerdem:
Mehl zum Ausrollen
6 Würstchen
2–3 El Tomatenmark
1–2 El Salzwasser
Kümmel zum Bestreuen

1 Aus den Teigzutaten mit 1/8 l Wasser nach dem Grundrezept einen Blätterteig zubereiten und mindestens 2-mal touren (schichten). Den Backofen auf 225 °C vorheizen.

2 Anschließend den Blätterteig auf einer bemehlten Arbeitsfläche 5 mm dünn ausrollen. Den Blätterteig in Rechtecke schneiden, die der Würstchenlänge entsprechen.

3 Jedes Würstchen mit Tomatenmark bestreichen und mit dem Teig umhüllen.

4 Die Teigstücke auf ein mit Wasser abgespültes Backblech legen und mit etwas Salzwasser bestreichen. Den Kümmel darüber streuen.

5 Die Gebäckstücke im vorgeheizten Backofen bei 200 °C (Gasherd Stufe 3) etwa 20 Minuten backen lassen. Herausnehmen und heiß servieren.

Zubereitungszeit 40 Minuten
(plus Kühl- und Backzeit)
Pro Stück ca. 660 kcal/2772 kJ
13 g E · 53 g F · 34 g KH

Köstliche Klassiker

Appelkauken

Die schmalzgebackenen Appelkauken werden an der gesamten Küste am Silvesterabend zum Punsch serviert.

Zutaten für 24 Stück:
500 g Weizenmehl
1/2 Tl Salz
1/2 Würfel Hefe
1/8 l lauwarme Milch
100 g Backfett (am besten Butter)
60 g Zucker
4 Eier
1 kg säuerliche Äpfel
1 El Weinbrand oder Rum
Außerdem:
Schmalz zum Ausbacken
Zimtzucker

1 Das Mehl in einer Schüssel mit dem Salz vermischen und in die Mitte eine Vertiefung drücken.

2 Die Hefe in die Vertiefung bröckeln und mit der Hälfte der lauwarmen Milch verrühren. Anschließend in die Vertiefung gießen und 20 Minuten gehen lassen.

3 Das Backfett in der restlichen lauwarmen Milch zerlassen und zum Vorteig geben. Die Hälfte des Zuckers mit den Eiern hinzufügen.

4 Alle Zutaten miteinander verrühren. Den Teig so lange schlagen, bis er Blasen wirft und sich vom Schüsselboden abheben lässt.

5 Den Teig etwa 1 Stunde zugedeckt gehen lassen.

6 Die Äpfel schälen, vom Kerngehäuse befreien und in Würfel schneiden. Mit dem Alkohol und dem restlichen Zucker vermischen und durchziehen lassen.

7 Die Apfelwürfel anschließend zum aufgegangenen Hefeteig hinzugeben und damit vermischen.

8 Das Schmalz zum Ausbacken erhitzen. Von der Masse mit einem Esslöffel etwa 24 Klöße abstechen und in Portionen goldbraun frittieren.

9 Kauken herausnehmen und auf Küchenpapier abtropfen lassen. Die noch heißen Appelkauken in Zimtzucker wälzen und servieren.

Zubereitungszeit 30 Minuten
(plus Geh- und Frittierzeit)
Pro Stück ca. 161 kcal/676 kJ
4 g E · 6 g F · 23 g KH

Preußischer Räderkuchen

Diese kleinen Kuchen sind Meisterwerke für große Kaffeefreunde. Man kann sie noch warm, aber auch kalt genießen – zum frisch gefilterten kräftigen Kaffee. Lorke (= zu dünn gebrühter Kaffee) ist dabei unbeliebt!

Zutaten für 12 Stück:
375 g Weizenmehl
80 g Zucker
4 El saure Sahne
5 Eigelb
1 El Weinbrand oder Rum
1 Prise Zimt
Außerdem:
Mehl zum Ausrollen
1 l Frittierfett
2 El Puderzucker

1 Das Mehl mit dem Zucker, der sauren Sahne, den Eigelb, dem Alkohol und dem Zimt verkneten. Den Teig 30 Minuten kalt stellen.

2 Den Teig einmal durchkneten. Ist er zu weich noch etwas Mehl darunter kneten. Teig auf einer bemehlten Arbeitsfläche 5 mm dick ausrollen und mit einem Teigrad in 3 x 10 cm lange Streifen rädeln.

3 Die Teigstreifen in der Mitte der einen Hälfte der Länge nach etwas mehr als 3 cm einschneiden. Das Ende der anderen Teighälfte vorsichtig durch diesen Schnitt ziehen.

4 Das Frittieröl auf 180 °C erhitzen. Die Teigschleifen im Frittierfett etwa 5–8 Minuten schwimmend goldgelb ausbacken.

5 Herausnehmen, auf einem Rost oder auf Küchenpapier abtropfen lassen und zum Servieren mit Puderzucker dick bestreuen.

Zubereitungszeit 25 Minuten
(plus Ruhe- und Frittierzeit)
Pro Stück ca. 221 kcal/930 kJ
4 g E · 12 g F · 25 g KH

Kaiserplätzchen

Zutaten für 20 Stück:
50 g Kartoffelmehl
250 g Weizenmehl
80 g gemahlene Mandeln
125 g Puderzucker
1 P. Vanillezucker
1 Prise Salz
225 g Backfett
(am besten Butterschmalz)
Außerdem:
Mehl zum Ausrollen
Für die Fertigstellung:
50 g Puderzucker
1 P. Vanillezucker
2 Tl Mirabellenwasser oder -likör
5 El Mirabellenkonfitüre

1 Das Kartoffelmehl mit dem Weizenmehl in einer Schüssel vermischen. Die Mandeln mit dem Puderzucker, dem Vanillezucker und dem Salz darunter mischen. Das Backfett in kleinen Stückchen dazufügen und alles zu einem Teig verkneten. Teig 1 Stunde ruhen lassen.

2 Den Backofen auf 180 °C vorheizen. Den Teig kräftig durchkneten und auf einer bemehlten Arbeitsfläche dünn ausrollen. Aus dem Teig etwa 8 cm große Kreise ausstechen. Bei der Hälfte der Kreise die Teigmitte ausstechen, so dass Teigringe entstehen.

3 Die runden Teigplätzchen und die Teigringe auf ein gefettetes Backblech legen und im vorgeheizten Backofen bei 180 °C (Gasherd Stufe 2) etwa 15 Minuten backen lassen.

4 In der Zwischenzeit den Puderzucker mit dem Vanillezucker vermischen. Die noch heißen Teigringe mit der Oberseite in die Zuckermischung tauchen.

5 Den Alkohol mit der Mirabellenkonfitüre gut verrühren und leicht erwärmen. Die Plätzchen damit bestreichen und die Teigringe mit der Zuckerseite nach oben darauf setzen. Plätzchen leicht andrücken und erkalten lassen.

Zubereitungszeit 35 Minuten
(plus Ruhe- und Backzeit)
Pro Stück ca. 200 kcal/842 kJ
2 g E · 14 g F · 18 g KH

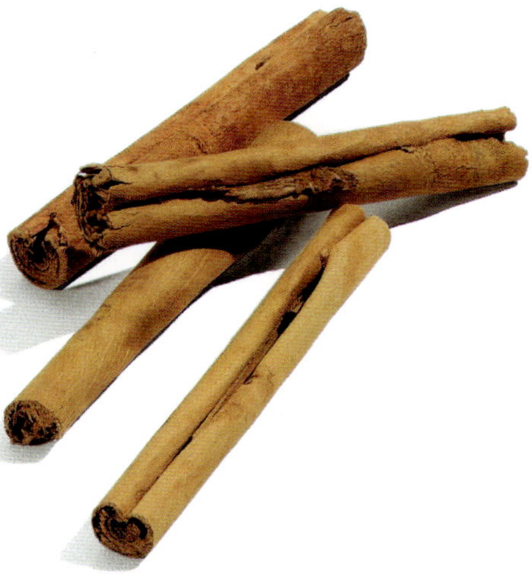

Sächsischer Quarkkuchen mit Streuseln

Die Sachsen sind gleichermaßen leidenschaftliche und raffinierte Kuchenbäcker. Haben Sie einmal keine Lust, einen klassischen Kuchenteig zu bereiten, so nehmen sie einfach Streusel als Boden.

Zutaten für 12 Stücke:
250 g Mehl
125 g Zucker
250 g Backfett (am besten Butter)
1 P. Vanillezucker
1/2 P. Backpulver
1 Eigelb
2 El Kakao
Außerdem:
Fett für die Form
Für die Füllung:
125 g Backfett (am besten Butter)
4 Eier
250 g Zucker
500 g Quark
1 P. Vanillezucker
1 El Grieß
Saft von 1 Zitrone

1 Für den Teig das Mehl mit dem Zucker, dem Backfett, dem Vanillezucker, dem Backpulver, dem Eigelb und dem Kakao zu Streuseln reiben.

2 Den Backofen auf 180 °C vorheizen. Für die Füllung das Backfett zerlassen. Die Eier trennen, das Eigelb und 50 g Zucker mit dem Backfett schaumig rühren.

3 Den Quark, restlichen Zucker und Vanillezucker dazufügen, den Grieß mit dem Zitronensaft darunter rühren. Das Eiweiß steif schlagen, zur Quarkmasse hinzugeben und unterheben.

4 2/3 der Streuselmasse auf dem Boden einer gefetteten Springform (28 cm Ø) verteilen und gut andrücken.

5 Die Quarkmasse darauf verstreichen und mit den restlichen Streuseln bestreuen.

6 Quarkkuchen im vorgeheizten Backofen bei 180 °C (Gasherd Stufe 2) etwa 40–50 Minuten backen lassen.

Zubereitungszeit 35 Minuten (plus Backzeit)
Pro Stück ca. 430 kcal/1806 kJ
11 g E · 21 g F · 50 g KH

Hefeplinsen

Zutaten für 16 Stück:
250 g Mehl
1 El Zucker
1 Prise Salz
3 El Öl
1/2 Würfel Hefe
1/4 l lauwarme Milch
50 g Korinthen
Außerdem:
Öl zum Backen
Für den Belag:
1 El Backfett (am besten Butter)
Zimtzucker

1 Für den Teig das Mehl mit Zucker, Salz und Öl in eine Schüssel geben.

2 Die Hefe in der lauwarmen Milch auflösen und nach und nach unter die Mehlmischung rühren. Teig kneten, bis er Blasen wirft und sich vom Schüsselrand löst.

3 Den Teig zugedeckt mindestens 20 Minuten gehen lassen. Die Korinthen mit kochendem Wasser 10 Minuten überbrühen, anschließend abtropfen lassen, abtrocknen und unter den Hefeteig heben.

4 Aus dem Teig etwa handtellergroße Plinsen formen. Plinsen nacheinander in einer Pfanne in heißem Öl von jeder Seite etwa 4 Minuten langsam backen lassen.

5 Das Backfett zerlassen, die fertigen Plinsen damit bestreichen und mit Zimtzucker bestreuen. Plinsen mit Pflaumenmus servieren.

Anmerkung

Der mitteldeutsche Ausdruck Plinsen oder sächsisch Blinsen (slaw. = „bliny", ukrainisch = „mlynzi") bezeichnet an sich runde Eierkuchen, die aus einem aus Eiern, Milch und Mehl angerührtem Teig beidseitig goldgelb bis braun gebacken werden. Als Unterschied zum Eierkuchen wird dem Teig oft noch Hefe hinzugefügt. Dies aber ist strittig und von Region zu Region schon wieder verschieden. Man kann sie mit Zucker, Apfelmus, Marmelade oder Konfitüre im Stück, gitterförmig in kleine Quadrate geschnitten oder zusammen gerollt, warm oder kalt genießen.

Zubereitungszeit 20 Minuten
(plus Zeit zum Gehen und Backzeit)
Pro Stück ca. 97 kcal/407 kJ
3 g E · 1 g F · 18 g KH

Liegnitzer Bomben

Wenn es zu DDR-Zeiten die speziellen Förmchen für die Liegnitzer Bomben nicht gab, behalf man sich mit kleinen Konservendosen, deren Boden man ausschnitt und die man gefüllt auf das mit Backpapier ausgelegte Blech setzte.

Zutaten für 18 Stücke:
300 g Honig
125 g Zucker
100 g Backfett (am besten Butter)
1 Ei
Abgeriebene Schale von
1 unbehandelten Zitrone
1 El Kakao
Je 1/2 Tl gemahlener Kardamom, Nelken, Zimt und Piment
1/2 Tl Pottasche
1/2 Tl Backpulver
500 g Weizenmehl
Für die Füllung:
4–6 El Kirschwasser oder Weinbrand
65 g Rosinen
100 g gehackte Nüsse
65 g gewürfeltes Persipan oder Marzipan
175 g Aprikosenkonfitüre
Außerdem:
Mehl zum Ausrollen
Fett für die Form

1 Den Honig mit dem Zucker und dem Backfett langsam erwärmen bis sich der Zucker aufgelöst hat, anschließend in eine Rührschüssel geben und auf Handwärme abkühlen lassen.

2 Das Ei mit der Zitronenschale, dem Kakao und den Gewürzen dazugeben. Die Pottasche mit dem Backpulver in 1 El Wasser auflösen. Mit dem Mehl zur Honigmasse dazugeben und alles zu einem festen Teig verkneten.

3 Teig zu einer Kugel formen und in Folie verpackt 24 Stunden bei Zimmertemperatur ruhen lassen.

4 Für die Füllung das Persipan oder Marzipan mit dem Alkohol, den Rosinen, den Nüssen, der Aprikosenkonfitüre und 2–4 El Wasser verrühren.

5 Den Backofen auf 175 °C vorheizen. Den Teig auf einer bemehlten Arbeitsfläche 2 mm dünn ausrollen.

6 Die Masse auf dem Teig verstreichen und den Teig von der Längsseite her aufrollen. Etwa 1 cm dicke Scheiben davon abschneiden und mit der Schnittfläche nach oben auf ein gefettetes Backblech legen.

7 Im vorgeheizten Backofen bei 175° C (Gasherd Stufe 3–4) etwa 25 Minuten backen lassen.

Anmerkung

Früher wurde anstelle von Backpulver 15 g Pottasche in 2 Esslöffeln Rosenwasser aufgelöst verwendet.

Zubereitungszeit 40 Minuten
(plus Ruhe- und Backzeit)
Pro Stück ca. 333 kcal/1399 kJ
6 g E · 12 g F · 49 g KH

Pfannkuchen

Pfannkuchen sind in ganz Deutschland einfach als „Berliner“ bekannt. Besonders gerne werden sie in der Karnevalszeit gereicht, wobei man mit großer Freude einen davon mit Senf füllt....

Rund ist der Berliner deshalb, weil ihn Anno 1750 ein Artillerist „erfand“. Er hatte sich als waffenuntauglich erwiesen, durfte aber als Feldbäcker beim Regiment verbleiben. Zum Dank dafür schuf er den ersten Berliner in Kanonenkugelform.

Zutaten:
500 g Mehl
1/2 Tl Salz
30 g Hefe
1/4 l Milch
60 g Zucker
100 g Butter
abgeriebene Schale von 1/2 Zitrone
1 El Rum
3 Eigelb
Für die Füllung:
Marmelade oder Pflaumenmus
Ausbackfett (Schweineschmalz)
Zucker oder Puderzucker

1 Das Mehl mit Salz vermischen, in die Mitte eine Vertiefung drücken. Hefe hineinbröckeln und mit der Hälfte der Milch verrühren.

2 Den Teig zugedeckt an einem warmen Ort 20 Minuten gehen lassen.

3 Die Butter in der restlichen lauwarmen Milch einschmelzen und an den Teig geben. Zucker, geriebene Zitronenschale, Rum und Eigelb hinzufügen.

4 Den Hefeteig kneten und schlagen, bis er Blasen wirft und sich vom Schüsselboden löst. Dann zugedeckt an einem warmen Ort aufgehen lassen.

5 Den Hefeteig auf einem bemehlten Brett nicht zu dünn ausrollen. Mit einer Form oder einem Glas Kreise von 6–7 Zentimeter Durchmesser ausstechen.

6 Auf die Hälfte der Teigscheiben einen Klecks Marmelade oder Mus geben. Je eine Teigscheibe darüber legen, die Ränder fest zusammen drücken.

7 Die Pfannkuchen so lange gehen lassen, bis sie sich kugelförmig auf etwa das Doppelte vergrößert haben.

8 Die Pfannkuchen schwimmend in heißem Schweineschmalz von beiden Seiten goldbraun ausbacken.

9 Die Pfannkuchen mit dem Schaumlöffel herausnehmen, auf einem Sieb abtropfen lassen und sofort mit Zucker oder Puderzucker bestreuen.

Zubereitungszeit 40 Minuten
(plus Zeit zum Gehen)
Pro Portion ca. 903 kcal/3791 kJ
19 g E · 35 g F · 127 g KH

Ratschläge für besondere Fälle

Zu allen Zeiten ist den Hausfrauen (und Hausmännern) beim Backen etwas nicht so gelungen, wie man sich das vorher vorgestellt hat – oder es treten auf einmal Probleme auf, mit denen man nicht von vorneherein gerechnet hat. Die „Reparatur“-Ratschläge, die die alten DDR- Kochbücher zu solchen Missgeschicken anbieten, lesen sich höchst interessant wie gleichermaßen amüsant.

Was tut man ...

...wenn die Rührschüsse rutscht? Ein feuchtes Tuch mehrfach zusammenfalten und unter die Schüssel legen.

...damit geschälte Äpfel, Birnen und Quitten hell bleiben? Sofort nach dem Schälen unter ein mit Essigwasser getränktes Tuch oder in Essigwasser legen. Den gleichen Effekt erzielt man, wenn man das frischgeschnittene Obst sofort mit Zitronensaft beträufelt.

...wenn man sich nicht sicher ist, ob der Kuchen schon gar ist? Hier hilft die Garprobe. Durch Einstechen eines dünnen Hölzchens in das Backgut kann die Gare festgestellt werden. Wenn das Hölzchen beim Herausziehen trocken ist, dann ist der Kuchen gar. Ist es aber klebrig, muss der Teig weiterbacken. Die Garprobe darf niemals am Rand des Kuchens gemacht werden, sondern stets an der dicksten Stelle des Kuchens. Wenn die Oberfläche schon sehr braun und der Kuchen noch nicht gar ist, wird sie mit einem Bogen starkem Papier oder Pergamentpapier bedeckt oder auf die oberste Schiene ein Blech geschoben.

...wenn Hefe kurze Zeit aufbewahrt werden soll? Hefe muss als besonders empfindliche Backzutat auch besonders vorsichtig aufbewahrt werden. Bewährt hat sich für eine kurzfristige Aufbewahrung, die Hefe fest in ein Glas zu drücken so, dass sie nicht herunterrutscht. Dieses so gefüllte Glas stellt man umgestürzt in eine entsprechend große Schüssel mit Wasser. Bis zum Verbrauch spätestens nach ein paar Tagen muss man das Wasser täglich erneuern.

...wenn der Kuchen schliff geworden ist? Hier hängt die Vorgehensweise davon ab, wie klitschig (= schliff) der missratene Kuchen geworden ist. Ist nur eine schmale Schicht betroffen, dann schneidet man diese beispielsweise von einem Kastenkuchen ab. Der Ratschlag lautete, dann diese schliffe Schicht „leicht rösten, reiben und mit 2 Esslöffeln Alkohol (Punsch, Rum, Likör) anfeuchten. Etwas Margarine (auch Pudding oder Eigelb) mit der gleichen Menge Staubzucker sahnig rühren, zu den Kuchenkrümeln zufügen und alles gut verarbeiten. Eine Hälfte der Masse in den Spritzbeutel füllen und auf Kekse spritzen, die andere Hälfte mit dem Löffel auflegen und mit einem Messer Muster eindrücken – mit etwas Kakao oder Zuckerglasur überzogen, eine Nuß, eine Mandelhälfte, eine Kirsche oder ein Tüpfel Marmelade obenauf gesetzt – und die appetitlichsten Törtchen sind fertig.“ Mit ein wenig Mühe und einigen weiteren Zutaten ist der Schaden völlig ausgeglichen. Ein ganz schliffer Kuchen wird dagegen am besten in Scheiben geschnitten, geröstet und zerkleinert. „Die Brösel werden mit einem Teil Weizenmehl gemischt und zu Pfefferkuchen, Plätzchen oder Brottorte verbacken.“ Übrigens entstehen Klitschstreifen oft dadurch, dass zuviel Milch an den Rührteig gegeben wurde. Deswegen ist darauf zu achten, dass nur so viel Milch unter den Teig gerührt wird, dass er schwer vom Löffel fällt – auf keinen Fall darf der Teig fließen.

...wenn Rosinen alle unten im Kuchen sitzen? Sind die Rosinen nicht gleichmäßig im Teig verteilt, sondern sitzen sie unten auf dem Boden, war der Teig zu weich. Er muss schwer vom Löffel fallen.

…wenn der Tortenboden, der Napf- oder Kastenkuchen außen etwas zu dunkel geworden ist? Auch hier hängt die Vorgehensweise davon ab, welche Konsistenz der Kuchen hat und wie verbrannt er ist. Solange der Kuchen fest ist, lassen sich nicht zu große dunkle Stellen noch vorsichtig abreiben. Ist der Kuchen aber dafür zu weich, dann muss man mit einem sehr scharfen Messer die dunklen Stellen vorsichtig abschneiden. „Das Gebäck wird dann mit Zuckerglasur oder einer Baiserschicht oder mit Krem überzogen und sieht lecker und festlich aus."

…wenn keine passenden Backformen zur Hand sind? Dann ist Erfindungsreichtum gefragt. Kleine Kuchen lassen sich in leeren Konservendosen aus Blech backen. Die ansonsten für Würzfleisch Verwendung findenden Formen kann man beispielsweise auch als Törtchenformen einsetzen.

…wenn sich der Kuchen nicht aus der Form lösen will? Dieses Problem war allgegenwärtig in der Zeit vor der allgemeinen Verbreitung von Teflon beschichteten Backformen. In einfachen Fällen lässt man den Kuchen zunächst in der Form auskühlen, lockert ihn am Rand mit einem spitzen Messer vorsichtig und stürzt ihn unter vorsichtigem Schütteln auf einen Teller. Ist die Form schon so häufig gebraucht und ihr Innenrand schon sehr zerkratzt worden, kommt es immer wieder trotz sorgfältigen Einfettens und Ausbröselns vor, dass der Kuchen in der Form hängen bleibt. Dann sollte man eine entsprechende geriffelte Form einfach nicht mehr benutzen. Ist die zerkratzte Form glattwandig, so legt man vor dem Einfüllen des Teiges ein gefettetes Papier hinein. Es schützt das Gebäck davor, am Rand kleben zu bleiben und kann nach dem Stürzen des Kuchens abgezogen werden. Es gibt aber noch einen weiteren Trick, wenn sich der Kuchen nicht aus der Form lösen will. Man stürzt die Form auf eine glatte Arbeitsfläche, deckt sie mit einem feuchten Küchentuch ab und lässt die Form einige Minuten stehen. Dann rüttelt man mit beiden Händen so lange vorsichtig an der Form, bis sich das Backwerk löst. In hartnäckigen Fällen muss diese Prozedur mehrfach wiederholt werden.

…wenn der Zuckerguss nicht glänzt? Zuckerguss bleibt geschmeidig und bekommt einen schönen Glanz, wenn man etwas geschmolzene Butter unterrührt.

In Würfel geschnittenes Backobst konnte fehlende Rosinen ersetzen

DDR-Back-Glossar

AKA Elektrik
„In jedem Haus zu Hause“ war der Spruch der Vereinigten Volkseigenen Betriebe Elektrische Konsumgüter, deren Haushaltsgeräte in fast jeder Wohnung anzutreffen waren.

Bäbe
Sächsischer Napfkuchen

Bananen
„Ausgerechnet Bananen“ – ein Problemprodukt der DDR, wurde selten, in zu kleinen Mengen und oft schon verdorben angeboten.

Baumkuchen
In ganz Ostdeutschland verbreiteter, auf rotierender Walze gebackener Kuchen, der vor allem Salzwedel berühmt gemacht hat.

Bedarfslücke
Umschreibung von Versorgungsmängeln.

Bero und Bero instant
Bohnenkaffee des VEB Berliner Kaffeerösterei, auch als löslicher Kaffee angeboten, der aber geschmacklich nicht mit Nescafé, den sich DDR-Bürger gerne von ihrer Westverwandtschaft schicken ließen, mithalten konnte

Bevölkerungsbedarf
Der im Rahmen der DDR-Planwirtschaft durch die Staatliche Plankommission vorgegebene Bedarf an Lebensmitteln und andere Waren des täglichen Bedarfs. Wenn die nach Plan produzierten Waren dann in den Handel kamen, konnte man sie in Waren des allgemein erhältlichen Sortiments, in Ladenhüter und Bückwaren unterteilen.

Brockensplitter
Schokolade mit Krokantsplitter in dreieckiger Form. Das Produkt verschwand im Zuge der Weltkakaokrise, ist heute aber aus Wernigerode wieder erhältlich.

Bückware
Bei knapper Warenproduktion und Mängeln in der Distribution waren viele Produkte in der DDR nur selten oder nicht in genügender Menge zu erhalten. Gerade begehrte – und deshalb so knappe – Waren wurden vom Verkaufspersonal in den Geschäften gar nicht erst ins Regal gestellt, sondern nur auf besondere Nachfrage unter dem Ladentisch (durch Bücken) hervorgeholt. Dies setzte natürlich Gegenseitigkeit beim Kunden voraus – aber jeder Werktätige in der DDR hatte eigentlich Zugang zu Dingen, die andere auch benötigten. Deshalb galt die Devise. „Kunden, seid nett zu eurer Verkäuferin“!

Burger Knäckebrot
Wurde seit 1927 produziert, ab 1948 dann vom VEB Erste Deutsche Knäckebrotwerke Burg und ist heute wieder erhältlich.

Cafésan
Milchpulver als Kaffeesahneersatz – dieser Kaffeeweißer entstammte dem VEB Dauermilchwerke Stendal und bildete leider Klümpchen im Kaffee.

Cama
1971 eingeführte „gesunde“ Halbfettmargarine des VEB Thüringer

Öl- und Margarinewerk Gotha – zum Backen ungeeignet.

Creck

Schokolade der VEB Elfe Berlin, die trotz aller Kakaoeinfuhrprobleme durch Reduzierung des Kakaogehaltes (und Ersatz durch Rinderblut) weiterhin erhältlich blieb – beliebt durch beigefügte Sammelbilder über die Pflanzen- und Tierwelt der DDR.

Cubasine

Unbeliebte Orange aus Kuba – in Ermangelung von Devisen führte die DDR zunehmend Zitrusfrüchte aus dem karibischen Bruderstaat mit genauso schwacher Währung wie die „Mark der DDR“ ein. Cubasinen ließen sich jedoch nur schwer schälen, ihr Fruchtfleisch war faserig. Zum Auspressen waren sie aber geeignet.

Datsche

Aus dem russischen Sprachgebrauch für „Datscha“ eingeführter Begriff für eine Gartenlaube im Schrebergarten, ein Ort ungestörter Wochenendfeiern und der Zusatzversorgung mit Obst und Gemüse.

Delikat

Die ab 1966 eingeführten Delikat-Läden dienten der Deckung des zunehmenden Bedarfs der Bevölkerung an hochwertigen Nahrungsmitteln und Getränken – die Preise waren allerdings auch „hochwertig". So erhielten die Delikat-Läden von der Bevölkerung auch bald den Beinamen „WuWuWu" (= Walter Ulbrichts Wucherbude). Zum Ende der DDR-Zeit gab es an die 2.500 Delikat-Verkaufsstellen – mit diesem Verkaufssystem wurde auch die überschüssige Kaufkraft der DDR-Bewohner abgeschöpft.

Delitzscher

DDR-Kakao, Schokolade und Pralinen, die heute wieder hergestellt werden.

Dresdner Christstollen

Kollektivmarke zu DDR-Zeiten, wird heute vom Schutzverband Dresdner Stollen vergeben. Zu DDR-Zeiten durch Eintrag in ein Herkunftsregister rechtlich geschütztes Produkt, dessen Schutz nach der Wiedervereinigung in ganz Deutschland bzw. durch EU-Rahmenregelungen übernommen wurde.

DKK

Kühlgeräte aus dem VEB deutsche Kühl- und Kraftmaschinengesellschaft. Zum Ende der DDR bot DKK ein relativ breites Sortiment an kleineren und größeren Kühlschränken sowie Tiefkühltruhen an. Seit der Wende produziert das Werk u.a. FCKW-freie Kühlschränke.

Eierschecke

Dresdner Hefeteigkuchen.

Engpass

Umschreibung von Versorgungsmängeln (vergleichbar der Bedarfslücke).

Erichs Krönung

Der mit getrockneten Zuckerrübenschnitzeln gestreckte Muckefuck unter dem Namen „Kaffee-Mix" wurde von der DDR- Bevölkerung als „Erichs Krönung" verspottet.

Fettigkeit

Bezeichnung für Öle und Fette zum Braten und Backen.

Filinchen

Waffelbrot des VEB Backwaren Gutena in Apolda. Im Übrigen eines der wenigen kalorienreduzierten Produkte, die von der DDR-Bevölkerung richtig akzeptiert wurden.

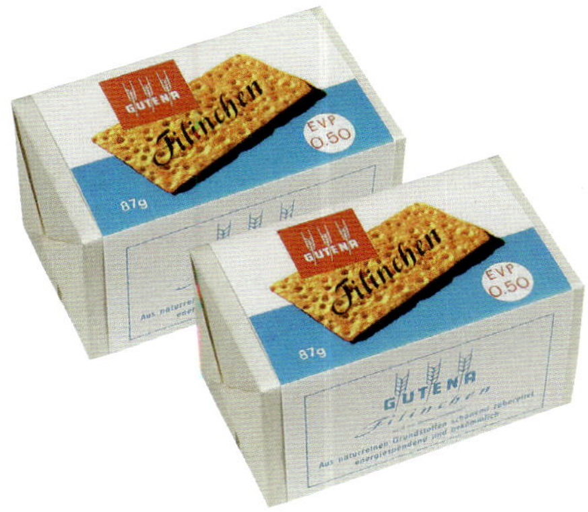

Früchtebrot

Beliebtes Vollkornbrot mit Zusatz von Nüssen und Rosinen – eigentlich für Leistungssportler konzipiert, erfreute es sich aber allgemeiner Beliebtheit.

Gestattungsproduktion

Lizenz-Auftragsproduktion von Waren für Firmen aus dem Westen, vor allem aus der Bundesrepublik. Produkte der Gestattungsproduktion gelangten nicht in den allgemeinen Lebensmittelhandel der DDR, sondern wurden – wenn überhaupt – über die Delikat-Läden angeboten. So kam in den 80-er Jahren kaum noch eines der Delikat-Produkte aus dem Westen, sondern wurde in Lizenzproduktion selbst hergestellt.

Goldbrand
Liebevoll „Goldi“ genannter Weinbrandverschnitt des VEB Nordbrand Nordhausen.

Goldkrone
Hochpreisiger, aber dennoch sehr beliebter Weinbrand des VEB Weinbrand Wilthen. Der Betrieb stellte zusätzlich „Grand Reserve“ ausschließlich für den Absatz über Delikat-Läden her.

Gotano
DDR-Wermut aus Gotha.

Hosenaer
DDR-Kollektivmarke für Obstwein und Kirschpunsch aus Hosena, der heute wieder zu haben ist. Zu DDR-Zeiten durch Eintrag in ein Herkunftsregister rechtlich geschütztes Produkt, dessen Schutz nach der Wiedervereinigung in ganz Deutschland bzw. durch EU-Rahmenregelungen übernommen wurde.

Halloren-Kugeln
Pralinen aus Deutschlands ältester Schokoladenfabrik (ab 1804) mit heller und dunkler Hälfte – später vom VEB Halloren Halle produziert. Diese Pralinen gibt es seit 1995 wieder, und sie werden nunmehr auf einer der modernsten Fertigungsstraßen Europas hergestellt.

Handelsorganisation („HO“)
1948 gegründete, allgegenwärtige Staatliche Handelsorganisation. Die Palette ihrer Geschäfte reichte vom abhängigen Kleinhändler bis zum Centrum-Kaufhaus.

Hansa Keks
Kekse des VEB Nahrungsmittelkombinats Albert Kuntz in Wurzen.

Immergut
Kaffeesahne aus dem VEB Molkerei und Dauermilchwerk Stavenhagen.

Im Nu
Löslicher Malzkaffee aus dem Hause Röstfein. Der Instant-Klassiker wurde vor kurzem wieder in Produktion genommen.

Intershop
Ladenkette, zunächst für den Verkauf von Luxusartikeln an Devisenausländer gedacht, zunehmend aber von Bürgern der DDR (mit D-Mark von der Verwandtschaft im Westen) zum Kauf heiß begehrter, aber ansonsten nicht erhältlicher Waren genutzt.

Kaffee Mix
Seit 1977 produzierter pulverisierter Kaffee-Verschnitt zum Einsparen von Devisen, vor dem sogar der DDR-Brühautomat kapitulierte und der einfach nicht nach Kaffee schmecken wollte.

Kalenderfrucht
Bezeichnung für die knappen Südfrüchte, die nur vor Feiertagen reichlicher erhältlich waren. Wenn dieser Fall eintrat, zeigte ein Blick auf den Kalender, dass beispielsweise in vierzehn Tagen Weihnachten war.

Kathi
Beliebte Fertigbackmischungen und Kuchenböden aus dem VEB Kaffee Halle. Ein alter Familienbetrieb, benannt nach dem Gründer Karl Thiele. Gleich nach der Wende wieder in Familienbesitz zurückgekommen, sind die legendären Backmischungen aus Halle nach wie vor erfolgreich. Kathi exportiert heute in viele Länder der Erde – eine echte Ost-Erfolgsstory!

Kaufhalle
Warenhaus für den alltäglichen Bedarf

KIM Eier
Überall abgesetzte Eier des Kombinats Industrielle Mast. Ihr Reklamespruch lautete „Köstlich Immer Marktfrisch“. Die KIM-Produktionsbetriebe erzeugten neben Eiern auch Geflügel nach industriellen Mastmethoden. Dieses Kombinat stellte die Broiler in industrieller Mast her.

Kleckselkuchen

Sächsischer Hefeteigkuchen.

Knusperflocken

Die begehrten Schokoladen-Knäckebrot-Flocken aus dem VEB Zetti Zeitz dürfen auch heute in keinem Ost-Präsentkorb fehlen.

Komet

Eispulver aus dem VEB Dauermilchwerke Stendal.

Königskuchen

Traditioneller Berliner Rührteigkuchen.

Konsum

Nach dem zweiten Weltkrieg wieder belebte Handelsgenossenschaft, die von den Nazis abgeschafft worden war und Geschäfte in der ganzen DDR und auch eigene „Konsument" Produktionsstätten hatte (z.B. für die zuckersüßen Konsument-Waffeln). Mitglieder der Konsumgenossenschaften bekamen beim Einkauf so genannte Konsumkarten (=Rabattmarken). Der Konsum stellte die zweite Verkaufsschiene neben den „HO"-Geschäften in der DDR dar.

Kosta

Der billigere Kaffee aus dem Konsum-Kaffeewerk Röstfein in Magdeburg

Liebesknochen

Die Berliner haben die feinen französischen Éclairs („Blitzkuchen") in „Liebesknochen" umbenannt.

Leipziger Lerchen

Sächsisches Kleingebäck, das anstelle der verbotenen Singvogeljagd von einem findigen Leipziger Bäcker erfunden wurde.

Marina

Würfelmargarine zum Braten und Backen.

Melange

Gehobene Röstkaffeemarke (Bohnenkaffee), in ganzen Bohnen angeboten.

Milchbeutel

Ab den 70-er Jahren wurde Frischmilch zunehmend in Plastikbeuteln verkauft, die leider nicht besonders stabil waren. Geplatzte Milchbeutel verursachten also viel Ärger. H-Milch wurde weiterhin in der Pappschachtel angeboten – besonders auch bei Campern beliebt, oft aber nur als Bückware erhältlich.

Mokka Fix Gold

Gemahlener und luftdicht verpackter Kaffee, seit den 70er Jahren im Angebot.

Mona

„Edel"-Röstkaffeemarke der DDR, zuletzt nur noch in Delikat-Geschäften erhältlich.

Osterkuchen
Sächsischer Mürbeteigkuchen.

Pflastersteine
Ausdruck für Lebkuchen.

Plattenkauken
Auf großen Blechen beim örtlichen Bäcker in Mecklenburg gebackener Streuselkuchen.

Primasprit
Hochprozentiger Alkohol (96%) des VEB Bärensiegel in Berlin, der für selbst gefertigte Schnäpse genutzt wurde. Gegen Ende der DDR-Zeit verschwand dieser vielgeliebte Sprit aus den Regalen der HO und vom Konsum. Dann gab es nur noch Primus.

Primus
Wodka mit immerhin 56vol% Alkohol. Er war nicht ganz preiswert und wurde gerne auch für selbst gemachte Liköre verwendet. Seit es diesen Wodka ab den 80er Jahren gab, wurde der bis dahin frei verkäufliche und viel billigere reine Alkohol „Primasprit" aus dem Verkehr gezogen. Sicherlich wollte man so dem übermäßigen Alkoholkonsum vorbeugen, aber die verdeckte Preiserhöhung steckte auch als Absicht dahinter.

Pulsnitzer Pfefferkuchen
Zu DDR-Zeiten Kollektivmarke für Lebkuchen die heute wieder im Angebot ist. Zu DDR-Zeiten durch Eintrag in ein Herkunftsregister rechtlich geschütztes Produkt, dessen Schutz nach der Wiedervereinigung in ganz Deutschland bzw. durch EU-Rahmenregelungen übernommen wurde.

Rehrücken
Der „süße" Rehrücken ist in Ostdeutschland so beliebt, dass es dafür sogar eine spezielle Kastenform mit Querrippen gibt. Wenn man den Kuchen aus dieser Form stürzt, erhält er mit den eingesteckten Mandelstiften die Form eines gespickten Rehrückens.

Rondo
Kaffeemarke des Konsum-Kaffeewerks Röstfein in Magdeburg, auch als Malzkaffee erhältlich. Lange Zeit die meistverkaufte Kaffeemarke der DDR. Dieser Kaffeeklassiker wird noch heute nach Original DDR-Rezept in einem speziellen Verfahren geröstet.

Rotplombe
Puddingpulver, Tortenguss und Götterspeisen aus den Konsum-Nährmittelwerken Erfurt mit starker Neigung zur Klümpchenbildung.

Russisch Brot
Nicht nur zu DDR-Zeiten beliebtes, süßes Gebäck in Buchstaben- und Ziffernform des VEB Dauerbackwaren Elite, das meist nur als Bückware zu bekommen war. Russisch Brot wird heute weiter hergestellt.

Schittchen
Schittchen sind die Thüringer Variante des Stollens. Die Bezeichnung bezieht sich auf die Form dieses Kuchens, der kleinen Holzscheiten (thüringisch = Schittchen) ähnelt.

Schlager Süßtafel
Ersatzprodukt für Schokolade, die aus Devisenmangel mit immer geringeren Kakaogehalten oder sogar ohne Kakao von dem VEB Thüringer Schokoladenwerke unter dem Markennamen „Rotstern" hergestellt wurde. Schokoladen mit klassischer oder annähernd klassischer Rezeptur blieben dem Absatz über Delikat-Geschäfte vorbehalten.

Schokoladentaler
Kleine mit bunten Zuckerperlen bestreute Schokoladenplätzchen, deren Rezeptur (Kakaoanteil) nicht verändert wurde.

Warenhaus
Kaufhaus der Staatlichen Handelsorganisation der DDR (HO), in den Bezirkshauptstädten auch als Centrum-Warenhaus bezeichnet, mit Vollsortiment einschließlich Lebensmitteln und Getränken.

Rezeptverzeichnis